W0364118

„Die Kreisläufe der Natur sind unteilbar und dulden keine Verschwendung."

„Boden schützen heißt Leben schützen, Bodenfruchtbarkeit erhalten bedeutet überleben."

Chinesische Weisheiten

„Die Menschheit muß alle verfügbaren Kräfte dafür einsetzen, daß ihr wertvollster Besitz - die Bodenfruchtbarkeit - erhalten wird. Davon hängt die Zukunft der Zivilisation ab."

Sir Albert Howard 1943

kosmos

Dr. Paul Seitz

Das Kompostbuch für jedermann

Gesunde Pflanzen durch Kompostieren, Mulchen und Gründüngen

Kosmos
Gesellschaft der Naturfreunde
Franckh'sche Verlagshandlung
Stuttgart

22 Farbfotos von Johannes Apel, Baden-Baden: 50 u., 67 u., 101 o. r., 101 u. l., 119 u. r.; Dr. Gerd Brucker, Möglingen: 120 o.; Martin Haberer, Nürtingen-Raidwangen: 50 o.; Firma W. Neudorff GmbH KG, Emmerthal: 67 o. r., 68 u. r., 68 u. l., 102 o. r.; Reinhard-Tierfoto, Heiligkreuzsteinach-Eiterbach: Vorderseite und Rückseite des Umschlags, 49, 67 o. l., 68 o., 101 o. l., 101 u. r., 102 o. l., 102 u., 119 o. r., 120 u.; Dr. Paul Seitz, Stadtallendorf: 119 o. l., 119 u.l.
47 schwarzweiße Zeichnungen von Gabriele Hampel, Kelkheim alle außer: Marianne Golte-Bechtle, Stuttgart: 121, 123; Dr. Paul Seitz, Stadtallendorf: 24, 51, 56 o.

Umschlaggestaltung von Ulrich Kolb, Leutenbach unter Verwendung zweier Farbdias von Reinhard-Tierfoto, Heiligkreuzsteinach-Eiterbach

CIP-Titelaufnahme der Deutschen Bibliothek

Seitz, Paul:
Das Kompostbuch für jedermann : gesunde Pflanzen durch Kompostieren, Mulchen und Gründüngungen / Paul Seitz. [22 Farbfotos von Johannes Apel ... 46 Schwarzweiss-Zeichn. von Gabriele Hampel ...]. - Stuttgart : Franckh, 1989
ISBN 3-440-05979-0

Franckh'sche Verlagshandlung, W. Keller & Co., Stuttgart/1989
Das Werk einschließlich aller seiner Teile ist urheberrechtlich geschützt. Jede Verwertung außerhalb der engen Grenzen des Urheberrechtsgesetzes ist ohne Zustimmung des Verlages unzulässig und strafbar. Das gilt insbesondere für Vervielfältigungen, Übersetzungen, Mikroverfilmungen und die Einspeicherung und Verarbeitung in elektronischen Systemen.
© 1989, Franckh'sche Verlagshandlung, W. Keller & Co., Stuttgart
Printed in Germany / Imprimé en Allemagne
LH 14 Ste/ISBN 3-440-05979-0
Satz: typoservice, Achern
Herstellung: Wilhelm Röck, Weinsberg

Das Kompostbuch für jedermann

Vorwort

Mit dem technischen Fortschritt, steigendem Lebensstandard und Konsum wachsen weltweit die Abfallmengen und die Probleme der Entsorgung. In der Bundesrepublik ist der Müllanfall zwar regional recht unterschiedlich, liegt jedoch im Durchschnitt mit 400 kg je Einwohner und Jahr in vergleichbarer Höhe anderer Industriestaaten. Dies bedeutet eine jährliche Gesamtmüllmenge von zirka 24 Millionen Tonnen. Diese gewaltigen Müllberge eines Jahres enthalten insgesamt 40–50% organische Stoffe beziehungsweise 25% Bestandteile, die zu unbedenklichem Kompostgut verarbeitbar sind. 6 Millionen Tonnen wertvolles organisches Potential werden nur zum geringen Teil genutzt und überwiegend auf Deponien kostenaufwendig vergraben. Ist eine solche Verschleuderung überhaupt noch zu verantworten, insbesondere zu Zeiten, in denen Raubbau mit natürlichen Bodenschätzen betrieben, Humusarmut weltweit beklagt wird und unsere Torfvorkommen schon bald erschöpft sein werden?
Die Probleme der Abfallentsorgung, Müllaufbereitung und Rückführung organischer Stoffe in den Naturkreislauf drängen wie nie zuvor. Politiker, Gemeinden und alle Bürger selbst sind aufgerufen, gemeinsam nach Auswegen zu suchen und konsequent zu handeln. Wissenschaft und Forschung müßten unterstützend offene Fragen der Komposthygiene, Schadstoffanreicherung und Vitalstofforschung abklären.
Tatsache ist, daß die zentrale Kompostierung über großtechnische Anlagen bisher nicht die erhofften Erfolge brachte. Getrennte Müllsammlungen, zum Beispiel in den grünen Mülltonnen, sind noch problembeladen und stecken in den Anfängen. Deshalb gilt es, umgehend das Produktionsvolumen der Klein-Kompostanlagen von dreizehn Millionen bundesdeutscher Gärten zu aktivieren. Teilweise haben Landkreise und Gemeinden die Bedeutung dieser dezentralen Verwertung richtig erkannt; sie unterstützen die Bevölkerung durch Informationen, Ideen und Wettbewerbe. Wesentlich ist, daß or-

400 kg je Einwohner und Jahr = 24 Millionen Tonnen Müll pro Jahr; die Bundesrepublik Deutschland mit unübersehbaren wachsenden Entsorgungsproblemen.

Wir produzieren jährlich eine Gesamtmüllmenge von 24 Millionen Tonnen.

ganische Haus- und Gartenreste erst gar nicht in die Mülltonne geworfen, sondern als wertvolle Rohstoffe im Garten kompostiert werden.
Besonders lobenswert sind die Bestrebungen von Kompostierungsgemeinschaften - unterstützt von den Gemeinden. Zum Beispiel gibt es Schreddergruppen von Obst- und Gartenbauvereinen oder Bürgerinitiativen wie die schweizerische „Kompostierung im Quartier".

Humuswirtschaft zur Erhaltung der natürlichen Bodenfruchtbarkeit; „Boden schützen heißt Leben schützen!"

Humuswirtschaft durch Kompostierung ist angewandter Bodenschutz. Die Bodenschutzkonzeption vom Februar 1985 zeigt Wege in die richtige Richtung, und dies nicht nur für die großflächige Forst- und Landwirtschaft. Jeder Quadratmeter Boden braucht des Menschen schützende Hand. Unsere Gärten, die wie ein Mosaik über das Land verteilt sind, haben in ihrer Vernetzung unbestritten eine beachtliche Wirkung auf Umwelt und Naturhaushalt. Allen gemeinsam gilt die Sorge zur Erhaltung der natürlichen Bodenfruchtbarkeit.
Kompostierung ist keine Erfindung der Neuzeit. Erwerbsgartenbau, Siedler und Freizeitgärtner verwerten die organischen Reststoffe über den Komposthaufen aber vielfach noch nach alter Väter Sitte. Sie erzeugen damit höchstens mehr oder weniger brauchbare Komposterde statt hochwertiger Komposte. Oftmals werden die Abfälle in ungeordneten Haufen gesammelt, zum Ärgernis der Nachbarschaft. Richtiges Kompostieren stört dagegen nicht das ordentliche Gartenbild und bedeutet keine Anlockung unerwünschten Ungeziefers, geschweige denn Belästigungen durch üble Gerüche.

Kompostierung sollte man mit Gründüngung sinnvoll ergänzen.

Die Maßnahmen der Mieten- und Flächenkompostierung, sinnvoll ergänzt durch Gründüngung, sind, im Zusammenhang gesehen, die Grundlage naturgemäßer Gartenbewirtschaftung und Erhaltung der Bodenfruchtbarkeit mit gleichzeitigem Beitrag zur Umweltentlastung.
Im vorliegenden Buch werden alte, unverzichtbare Erfahrungen der Kompostierung, des Mulchens und der Gründüngung mit modernen gartenbaulichen Erkenntnissen aus Praxis und Wissenschaft kombiniert. Sie sollen Einblicke in die oftmals recht komplizierten Zusammenhänge gewähren, zum Nachdenken und Beobachten anregen und zur Nachahmung sowie selbsttätigen Weiterentwicklung animieren.
„Das Kompostbuch für jedermann" soll ein Leitfaden

sein für Freizeitgärtner, Gemeinden, Obst- und Gartenbauvereine und Naturschutzgruppen. Allen möge es helfen, die sich verantwortungsbewußt - einzeln oder in Gruppen - um eine sinnvolle Abfallentsorgung bemühen. Es sei für Kurse und Lehrgänge der Erwachsenenbildung empfohlen, als Lehrbuch für den anschaulichen Schulgartenunterricht und nicht zuletzt zum Selbststudium für alle aufgeschlossenen Garten- und Naturfreunde.

Die Erhaltung und Förderung der Fruchtbarkeit und Leistungsfähigkeit der Kulturböden sind bedeutende Herausforderungen unserer Zeit. Mit Kompostieren, Mulchen und der Gründüngung im Garten können wir alle wesentlich zur Bewältigung dieser wichtigen Aufgaben beitragen.

Rückführung organischer Abfallstoffe bedeutet auch Schonung der natürlichen Rohhumus- und gefährdeten Torfvorräte.

Der Kompost

Geschichte des Kompostes

Kompostbereitung ist Kulturgut der ältesten landbautreibenden Völker.

Im Auftrag der amerikanischen Regierung bereiste im Jahre 1909 der amerikanische Professor F. H. King fernöstliche Länder, um dort das Phänomen der 4000 Jahre alten Landbewirtschaftung ohne Fruchtbarkeitsverluste zu studieren. In seinem weltweit beachteten Bericht (F. H. King: 4000 Jahre Landbau in China, Korea und Japan. Siebeneicher Verlag, Madison Wis., 1911) führt King die Landbauerfolge dieser dicht besiedelten Länder auf ihre intensive Kompostbereitung und -anwendung zurück. Seit Urväters Zeiten haben die Bauern ihre Erfahrungen der Humuswirtschaft von Generation zu Generation weitergereicht.
Organische Stoffe aus Garten, Feld und Haus, einschließlich Fäkalien, wurden sorgfältig gesammelt und in Kompostgruben oder eigens dafür errichteten Komposthäusern systematisch aufgearbeitet.

Beispielhafte tausendjährige Humuswirtschaft-Kompostierung und Mulchen in China

Die Herstellung des chinesischen Grünkompostes mit Klee und Schlamm aus Kanälen, Bach- und Flußläufen zeigt die enge Verknüpfung von Fruchtfolgeplanung und Abfallverwertung. Die oberirdischen Kleeteile von Wechselflächen werden vorkompostiert, nur Stoppeln und Wurzeln verbleiben als Gründüngung im Boden. In 0,90 m tief ausgehobenen Gruben mit ungefähr 0,60 m hoch seitlich aufgeworfenen Wällen schichten die Chinesen Klee und Schlamm wechselweise auf und lassen das Material 20 - 30 Tage bis zur Weiterbehandlung fermentieren. Die Sickersäfte werden von einer kräftigen Schicht Winterkompost auf dem Boden der Grube aufgefangen. Dieses nährstoffreiche Material, genügend ausgereift, gilt als ausgezeichneter Dünger.
Bemerkenswert ist auch die Mulchmethode der altüberlieferten Gemüsekulturen auf leichten Dämmen. Dabei wird der Boden wiederholt mit dünnen Grasschichten bedeckt zum Schutz vor Austrocknen und Abschlämmen der Dammwände.
Auch aus dem vorderen Orient gibt es Zeugnisse früher Abfallverwertung. Von Alt-Jerusalem wird berichtet, daß im Kidrontal gesammelter Müll sortiert wurde, um verrottbare Materialien zu verkompostieren.

Die Römer entwickelten die Gründüngung mit Schmetterlingsblütlern.

In den hochangesehenen Landbaukulturen Ägyptens und Altgriechenlands spielten gesammelter Dung von Haustieren und Aschen eine wichtige Rolle zur Erhaltung der Bodenfruchtbarkeit und Ernährung der Kulturpflanzen. Die Römer entwickelten die Gründüngung bevorzugt mit schmetterlingsblütigen Pflanzenarten. Aus der Zeit des römischen Kaisers Tiberius wird auch über das Anlegen von Mistbeeten berichtet.

Walafried von der Reichenau rühmt in seinem Gartengedicht „Hortulus“ um 840 n. Chr. die Wirkung der Nährstoffe kräftigen Mistes, der auf den Boden gestreut wird. Erst spät in der europäischen Geschichte des Gartens wird über Kompostieren geschrieben. Das Wort „compostum“ findet man erst im Mittelalter. Es wurde zum Beispiel in Urkunden über den Weinbau des Breisgaues für die Anhäufung verschiedener Lagen von Erde, Stroh, Gras und Laub verwendet. Im 16. und 17. Jahrhundert war Kompost zwar nicht als Begriff verbreitet, jedoch die Empfehlungen zur Verwertung der Gartenabfälle. So die folgenden Hinweise aus einem Gartenbuch: „Was man im Garten auswietet und bei der Reinigung zusammenschüppet, da es im Winkel erst verrottet, kann mit verrottetem Mist, Sägemehl und Lederabfällen zu guter Erde werden.“

Im 16. und 17. Jahrhundert wurden erstmals Rezepte zur systematischen Kompostbereitung empfohlen.

Die erste systematische Anleitung zur Kompostbereitung gibt Dr. E. von Hartenfels in seiner Veröffentlichung „Neuer Garten-Saal“ im Jahre 1746. Danach soll man eine Grube mit vier bis fünf Schuh Tiefe ausheben und diese lagenweise mit Laub, Kuhmist, Gartenerde, Trester und ähnlichem füllen und dann mit Weinhefe begießen.

Bis in das 20. Jahrhundert und der Zeit verstärkter Mineraldüngeranwendungen wurden in den Nutzgärten zur Düngung Stallmist und in flüssiger Form - weniger hygienisch - Jauche und Latrine verwendet. Die organischen Dünger sind erst mit steigendem wirtschaftlichem Wohlstand nach dem 2. Weltkrieg durch verstärkten Einsatz mineralischer Handelsdünger und Torf vernachlässigt worden.

In der Industriegesellschaft ist durch Mineraldünger und Torfeinsatz Kompostierung vernachlässigt worden.

In den Industrie- und Siedlungsgebieten wuchsen die Müllberge unserer modernen Wegwerfgesellschaft in sorgenvolle Höhen. Pionieren der Abfallbeseitigung gelang zwar die großtechnische Kompostierung von Stadtmüll mit Klärschlamm, doch das Produkt Müll-Klärschlamm-Kompost ist mehr oder weniger stark, je nach Ausgangsmaterial, mit bedenklichen Rückständen belastet. Es sind vor allem Schwermetalle und Chlorkohlenwasserstoffe, die in unseren Gartenböden angereichert werden.

Erfreulich zunehmendes Umweltbewußtsein seit einigen Jahren, die Aufgeschlossenheit der Bevölkerung für alle Naturzusammenhänge sowie die Suche nach gesunder Ernährungsweise führten zu einem Umdenkungsprozeß in nie vorhergesehenem Ausmaß und bewirkten vielfältige Initiativen. Beispielhaft seien genannt: die „Grüne Mülltonne“, Gemeinschaftsmaßnahmen zur Abfallsortierung und Kompostierung verrottbarer Materialien, Sammeln der Gartenabfälle mit gesonderter Aufbereitung, Bildung von Schreddergemeinschaften und nicht zuletzt die breit angelegte Offensive der Selbstverwertung aller organischen Restmaterialien aus Küche und Garten durch Haufen- und Flächenkompostierung auf dem eigenen Grundstück.

Umdenkungsprozeß durch zunehmendes Umweltbewußtsein

Unbeirrt von allen Zeitströmungen haben sich die Methoden des alternativen Gartenbaues, das Kompostieren, Mulchen und Gründüngungen, systematisch weiterentwickelt. Es ist das gemeinsam angestrebte Ziel, fruchtbare Gärten mit reichen Ernten rückstandsunbedenklicher Erzeugnisse durch den Verbund aller Kulturmaßnahmen zu erreichen. So gesehen, mündet die Entwicklung in den breiten Strom 4000 Jahre alter ostasiatischer Erkenntnisse und Einsichten.

Durch alternative Landbaumethoden wurde die Humuswirtschaft systematisch weiterentwickelt.

Die Natur kennt keine Abfälle

Im ungestörten Naturhaushalt verlaufen alle Lebensprozesse rationell, ohne Energieverschwendung und Verursachung von Abfällen. Erst durch die mannigfachen Eingriffe der Menschen kommt es zu Ansammlungen von Abfallstoffen in der Umwelt und zu Problemen ihrer Beseitigung. Auch unsere verrottbaren Reststoffe aus Küche und Garten werden zu Abfällen, sobald man sie nutzlos auf Deponien vergraben läßt. Wenn wir jedoch damit sinnvoll kompostieren oder mulchen und diese Materialien wieder in die Naturkreisläufe einführen, werden sie zu wertvollen Rohstoffen.

Es gibt weder Abfälle noch Energieverschwendung im ungestörten Naturhaushalt.

Bei unseren Bemühungen, organische Materialien richtig zu verwerten, sollte uns die Natur selbst beste Lehrmeisterin sein, mit Einblicken in ihre Lebensabläufe. Zum Beispiel können wir in einem Mischwald erfahren,

Die Natur selbst ist die beste Lehrmeisterin.

wie dort die Substanzumwandlung und -vermehrung erfolgt.

Natürliche Stoffkreisläufe reichen für ertragsreiche Nutzgärten nicht aus. Zur Ernährung des Bodenlebens und der Pflanzen ist Substanzzufuhr erforderlich.

Weil unsere Gärten mehr sind als Pflanzenbestände der freien Wildbahn, nämlich auf Ertrag abgestimmte Kulturflächen, reichen die natürlichen Stoffkreisläufe alleine nicht mehr. Wir müssen für eine zusätzliche Substanzzufuhr Sorge tragen. In Anlehnung an die natürlichen Vorgänge geschieht dies am besten durch Maßnahmen, die das Bodenleben mit Nahrung versorgen. Dazu gehören Kompostgaben oder Mulchen. Die Mikroorganismen bauen die organischen Stoffe ab und setzen kontinuierlich Nährstoffe frei, die die Pflanzen zum Wachsen brauchen.

Die Rhizosphäre ist der Magen des Bodens.

Aus der Erforschung der Rhizosphäre, das ist die unmittelbare Umgebung der Pflanzenwurzeln mit verstärkter mikrobieller Aktivität, wissen wir, daß enge partnerschaftliche Verhältnisse zwischen Mikroorganismen und Pflanzenwurzeln bestehen. Die Rhizosphärenorganismen erinnern dabei tatsächlich an die Verdauungsorgane der Tiere. Nach Prof. Clark, einem amerikanischen Bodenforscher, werden mit Hilfe der Bodenlebewesen nicht nur wichtige Nährstoffe löslich und pflanzenverfügbar, sie produzieren auch Wuchs- und Wirkstoffe, die für Pflanzenwachstum und -gesundheit von Bedeutung sind.

Mikroorganismen setzen Nährstoffe frei, sowie Wuchs- beziehungsweise Wirkstoffe für Boden- und Pflanzengesundheit.

Ergänzend seien in diesem Zusammenhang neuere Erkenntnisse der Mykorrhiza-Forschung genannt. Experimentell war nachzuweisen, daß es die Lebensgemeinschaft zwischen Bodenpilzen und den Wurzeln der meisten höheren Pflanzen ermöglicht, schwerer lösliche Nährstoffe pflanzenverwertbar zu machen. Es zeigte sich auch, daß die Entwicklung der Mykorrhiza (Mykos = Pilz, rhiza = Wurzel) durch Verbesserung des Humushaushaltes, zum Beispiel mit Kompostgaben und Mulchmaßnahmen, gefördert werden konnte.

Kompostgaben und Mulchmaßnahmen fördern die Mykorrhiza-Pilze.

Warum wir im Garten kompostieren wollen

Die Selbstverwertung verrottbarer Reststoffe ist eine lobenswerte volkswirtschaftliche und umweltpolitische Aufgabe für die Gartenbesitzer. Darum und aus den nachfolgenden Gründen wollen wir im Garten selbst kompostieren.

Die Vorteile der Selbstverwertung von Reststoffen (= Kompostierung):

1. Eigene Untersuchungsergebnisse bestätigen, daß die

Niedrige Schadstoffgehalte

selbstgewonnenen Komposte bei sofortiger Sortierung der Abfälle die niedrigsten Schadstoffgehalte aufweisen und, wenn keine besonderen Belastungsursachen zum Beispiel durch Industrie- und Verkehrsnähe gegeben sind, im allgemeinen auch rückstandsunbedenklich sind.

Stabile Humusformen

2. Über die Kompostierungsverfahren erreichen wir am schnellsten stabile Humusformen.

Bestes Bodenverbesserungsmittel

3. Kompost ist das beste organische Bodenverbesserungsmittel mit düngender Wirkung.

Preisgünstig

4. Weil die Ausgangsstoffe kostenlos zur Verfügung stehen, ist Kompost auch am preisgünstigsten. Daher wird er häufig als „Sparbüchse des Gartens" bezeichnet.

Keine Nebenwirkungen und Düngungsfehler

5. Kompost als Naturdünger können wir vielseitig im Garten verwenden, ohne Nebenwirkungen und Düngungsfehler befürchten zu müssen.

Bildung von Hemm- und Wirkstoffen sowie Unterdrückung von Schadorganismen

6. Zusätzliche positive Effekte der Kompostanwendung auf Bodengesundheit und Pflanzenwachstum sollten nicht unbeachtet bleiben; diese sind allerdings noch wenig erforscht. So fehlen uns vor allem wichtige Kenntnisse über die Bildung von Hemm- und Wirkstoffen und die Unterdrückung von Schadorganismen.

Kein störender Anblick

7. Wird die Kompostanlage mit Sammelplatz geschickt angeordnet, muß sie nicht störend empfunden werden; denn unser Kompost ist kein Abfallhaufen, sondern ein sinnvoll eingeplanter und gepflegter Gartenteil.
Selbst der Mulchgarten mit Nutz- und Zierpflanzen bietet bei richtiger Behandlung kein unschönes Aussehen.

Kompostierung und Abfallrecht

Das Abfallrecht, festgelegt im Abfallbeseitigungsgesetz der Bundesrepublik Deutschland, ist aus der Notwendigkeit entstanden, die Umwelt vor schädlichem Abfall zu schützen. Es soll eine möglichst umweltfreundliche Beseitigung gewährleisten. So mußte erst einmal bestimmt werden, was unter Abfall zu verstehen ist.
Nach § 1 des Abfallgesetzes sind „Abfälle bewegliche Sachen, deren sich der Besitzer entledigen will oder deren geordnete Beseitigung zur Wahrung des Wohles der Allgemeinheit geboten ist." So ist zum Beispiel ein dürrer Baum kein Abfall, zumindest so lange nicht, bis er gefällt wird. Auch nach der Fällung werden der dürre

Baum oder seine Teile nicht zum Abfall, wenn der Besitzer das Holz als Brennmaterial nutzen will. Wünscht er jedoch eine Beseitigung, wird in unserem Beispiel der Baum nach dem Fällen zum Abfall.
Der Wille zum Behalten von Ablagerungen genügt nicht, wenn das Gemeinwohl gefährdet ist. Eine ordnungsgemäße Beseitigung ist beispielsweise dann geboten, wenn von solchen Ablagerungen eine Gesundheitsgefährdung ausgeht, nicht aber, wenn zum Beispiel ein Unrathaufen nicht schön aussieht.

Verpflichtung für geordnete Abfallbeseitigung

§ 2 des Abfallbeseitigungsgesetzes bestimmt, wann das Wohl der Allgemeinheit eine geordnete Abfallbeseitigung erfordert. Das ist, wenn:
1. die Gesundheit von Menschen gefährdet und ihr Wohlbefinden beeinträchtigt ist;
2. Nutztiere, Vögel, Wild und Fische gefährdet sind;
3. Gewässer, Boden und Nutzpflanzen schädlich beeinflußt werden;
4. die Belange des Naturschutzes und der Landschaftspflege nicht gewahrt bleiben;
5. öffentliche Sicherheit und Ordnung gestört werden.

Was mit Abfällen natürlichen Ursprungs geschieht, ist in den Pflanzenbeseitigungs-Verordnungen der zehn Bundesländer und Westberlins geregelt.

Abfallbeseitigung durch Verbrennen ist untersagt.

Informationen zum Abfallrecht erhält man bei den Ordnungsämtern der Gemeinden und außerdem über die Länderverordnungen zum Abfallbeseitigungsgesetz.

Es liegt kein Abfall vor, wenn zum Beispiel Reste aus dem Garten praxisüblich kompostiert oder gemulcht werden, weil diese Stoffe wieder in den natürlichen Kreislauf gelangen und ihre Vernichtung Nebensache ist. Anders jedoch beim Verbrennen von Gartenresten; hier ist die Vernichtung Hauptsache, auch wenn wir die Asche als Düngemittel verwenden möchten.
Im allgemeinen droht Bußgeld, wenn das Abfallrecht in seinen Einzelheiten nicht beachtet wird. Auch die Lagerung von Abfällen wird nicht geduldet und als Ordnungswidrigkeit mit Geldbußen geahndet.

Die Kompostei – der Kompostplatz im Garten

Regeln für die eigene Kompostanlage:

Wenn wir für den neuen Hausgarten eine Kompoststätte planen oder diese nachträglich einrichten möchten, sollten einige Grundregeln berücksichtigt werden, um eine reibungslose und zweckmäßige Abwicklung des

An- und Abtransportes, der Umlagerungen und Aufbereitung des Kompostmaterials zu gewährleisten.

Standortwahl

1. Der Standort sollte nicht zu weit vom Haus entfernt und trockenen Fußes, zum Beispiel auf einem Plattenweg oder Trittplatten, erreichbar sein, weil Küchenreste fast täglich anfallen und entsorgt werden müssen.

Zuwege befestigen

2. Größere Gärten benötigen befestigte Zuwege zur unbehinderten An- und Abfahrt.

Idealer Kompostplatz für einen größeren Garten

Wind- und sonnengeschützte Lage

3. Ideal ist eine windgeschützte, halbschattige Lage für den Kompostplatz. Falls kein Baumschatten möglich ist, läßt sich die Anlage auch vor der Sonnenhitze durch Mais, Sonnenblumen, Tobinambur oder Stangenbohnen schützen, die jährlich neu anzubauen sind. Kürbisse werden zur Beschattung nicht direkt auf den Kompostmieten kultiviert, sondern an den Rändern ausgesät. Man leitet nur die Ranken über den Komposthügel, um Rottevorgänge, zum Beispiel wegen Wassermangels, nicht zu beeinträchtigen.

Vollschatten an der Nordseite von Gebäuden ist besonders dann ungünstig, wenn Schnellkompostierungen beabsichtigt sind, weil vor allem in den Übergangszeiten die notwendige Wärme fehlt und Vernässungen nur mit zusätzlichem Aufwand verhindert werden können.

Sichtschutz erwünscht

4. Sichtschutz ist durch gemischte Gehölzanpflanzungen mit einzelnen Obstbäumen, Strauchbeerenobst und verschiedenen Blütensträuchern sinnvoll. Für alternati-

ve Gärten werden bevorzugt Holunder und Haselnuß empfohlen.

Erforderliche Flächengröße

5. Im allgemeinen wird die Fläche des Kompostplatzes zu klein bemessen. In Abhängigkeit von der Gesamtgartengröße sollten wir je 100 m^2 Nutzfläche mindestens 3-4 m^2 vorsehen, damit wenigstens drei Unterteilungen, nämlich eine zum Sammeln und zwei zum Verrotten sowie Lagern möglich sind (siehe Foto Seite 102). Für alternative Gärten brauchen wir zusätzlich daneben genügend Fläche zum Aufstellen von zwei bis drei Fässern für das Ansetzen von Kräuterbrühen beziehungsweise Jauchen und zum Einweichen von kompostfähigem Papier sowie Pappe.
Bei größeren Gärten und Nebenerwerbssiedlungen sollte die Kompostfläche so zugeschnitten sein, daß 1,40-1,50 m breite Kompostmieten mit beliebiger Länge angelegt werden können.
In Kleinstgärten verwendet man bevorzugt Kompostsilos, hergestellt aus verschiedenen Materialien, oder einfache Kompostsäcke (siehe Foto Seite 68). Bei letzteren handelt es sich um Plastiksäcke mit Löchern. Das Abfallmaterial muß sehr stark zerkleinert werden. Zudem ist es empfehlenswert, bewährte Kompoststarter beizufügen.

Gewachsener Boden als Untergrund

6. Der Untergrund des Kompostplatzes muß durchlässig sein, darf also nicht aus Beton, Asphalt oder Pflaster bestehen. Selbst Komposttonnen müssen Verbindung mit dem gewachsenen Boden behalten. Die einzelnen Abteilungen können wir mit Plattenwegen oder Bohlen sauber trennen und begehbar machen.

Wasser- und Stromanschluß

7. Zweckmäßig ist ein Wasseranschluß in unmittelbarer Nähe, damit Zusatzbewässerungen in Trockenzeiten möglich sind; außerdem ein Stromanschluß - Wechsel- oder Drehstrom -, wenn zum Beispiel mit Elektro-Schreddern das Kompostmaterial zerkleinert werden soll.

Mindestgrenzabstände nach Nachbarrecht

8. Schließlich gilt es, die Bestimmungen des Nachbarrechtes zu berücksichtigen. Der Mindestabstand unserer Mieten oder Behälter von der Grenze muß 0,50 m betragen, wenn Höhen von 2 m nicht überschritten werden.

Geeignete Rohstoffe für den Kompost

Bewertung der Rohstoffe für die Kompostierung

Mit der eigenen Kompostierung sollen alle organischen Reststoffe aus Haushalt und Garten sinnvolle Verwertung finden. Darüber hinaus wird nicht selten brauchbares Kompostierungsgut zusätzlich angeboten. Die Rohstoffe sind im einzelnen unterschiedlich zu bewerten; in ihrer Gesamtheit, also in Mischung, ergeben sie letztendlich das gewünschte Fertigprodukt.

Haushaltsrückstände

Links: Geeignete Rohstoffe für den Kompost (müssen vor dem Kompostieren zerkleinert werden).
Rechts: Ungeeignete Rohstoffe

Vielfältige Rückstände aus Haus und Küche ergeben vorzügliche Komposte:

Haushaltsrückstände, also Küchenabfälle von Gemüse, Fleisch, Fisch, Käse und Speisereste, auch verdorbene Nahrungsmittel, ergänzt durch Tee- und Kaffeesatz mit Filtertüten, Eierschalen (zerdrückt, damit sie schneller abgebaut werden können) sowie Inhalte von Staubsaugerbeuteln sind vielseitige Rohstoffe und zur Mischung mit den anderen Materialien gut geeignet. Kaffeesatz in größeren Mengen wirkt physiologisch sauer und ist deshalb vorteilhaft mit zusätzlichen Kalkgaben zu neutralisieren. Kaffeesatz enthält etwa 2% Stickstoff, 1% Kalium und 0,4% Phosphorsäure, daneben Restkoffein, Zukker, einige Vitamine und Spurenelemente. Größere Mengen von Schalen der Zitrusfrüchte, die mit Konservierungsstoffen behandelt wurden, hemmen die Rotte. Sie sind abzulehnen, wenn die spätere Unbedenklichkeit des Kompostes nicht nachgeprüft werden kann.
Die Meinungen über die Eignung von verschimmeltem

Speisereste in Mischung sind geeignet.

Tee- und Kaffeesatz brauchen Kalkzusatz.

Vorsicht bei Schalen der Zitrusfrüchte!

Verschimmeltes Brot und Obst sind umstritten.

Brot und Obstresten für die Kompostierung sind geteilt. Noch fehlen exakte Untersuchungen über das Verhalten des gefürchteten Stoffwechselgiftes Aflatoxin, das in den verschimmelten Nahrungsresten vorkommt. Teilbereiche der Wurmforschung zeigten, daß Kompostwürmer, ähnlich wie Asseln, Pilzsporen (vom Schimmelpilz) mit dem Boden aufnahmen und im Darmtrakt mit Mineralstäuben zerrieben und verdauten. Innig mit Bodenteilchen vermischt, wurden sie dann als Losung abgesetzt. Deshalb versorgen Wurmzüchter ihre Kulturen auch mit verschimmelten Speiseresten. Solange die genauen Zusammenhänge bei der Verrottung nicht geklärt sind, ist eine zurückhaltende Verwendung größerer Mengen verschimmelter Stoffe empfehlenswert.

Fleischreste beschleunigen die Kompostrotte.

Tierische Überreste der Küchenverarbeitung, zum Beispiel Haut, Muskeln, Blut und Knochen, sind bevorzugte Nahrungsquellen für Mikroorganismen, beschleunigen die Rotte und begünstigen die Kompostqualität. Diese strukturschwachen Haushaltsabfälle ergeben gemischt mit stengeligen und faserigen Gartenresten einen vorzüglichen Kompost.

Maßnahmen gegen Gerüche und Ungeziefer

Sie müssen stets sofort mit Erde abgedeckt werden, um nicht Fliegen, Mäuse und Ratten anzulocken.

Gartenabfälle

Gartenabfälle als Ernterückstände, Unkräuter, Laub, Gras, Staudenstengel, Zweige, Stroh, auch Topfpflanzen

Gartenabfälle möglichst zerkleinern.

mit Erdballen ergeben - möglichst zerkleinert - zusammen mit den Haushaltsresten die Hauptmasse der Kompostrohstoffe. Sie besitzen einen sehr unterschiedlichen Stickstoff- (siehe C/N-Tabelle Seite 133) und Wassergehalt. Bei ordnungsgemäßer Kompostierung werden Unkrautsamen und Krankheitskeime in der Heißgärungsphase vermindert.

Unkrautsamen und Krankheitskeime im Kompost

Weil jedoch die Hitzetemperaturen bei der Haufenkompostierung nicht in allen Schichten die erforderlichen Werte erreichen, ist das Ergebnis oft unsicher. Deshalb wird häufig empfohlen, kein pilz-, bakterien- oder viruserkranktes Pflanzenmaterial zu

Vorsicht bei kohlherniekranken Pflanzen!

verkompostieren. Jedenfalls ist es richtig, keine kohlherniekranken Kohlwurzeln auf den Kompost zu bringen, um damit diese gefürchtete Krankheit unserer Gärten nicht weiter zu verbreiten. Um die Unkrautbelästigung im Kompost zusätzlich zu verringern, breiten erfahrene „Kompostierer“ das nahezu fertige Material in 20-30 cm starken Schichten aus, lassen die Unkrautsamen keimen und setzen dann das Substrat nochmals um. Behandlungen mit chemischen Mitteln, zum Beispiel Basamid 200 g je m^3 Komposterde oder Kalkstickstoff zur Unkrautbekämpfung, sind im Freizeitgarten weder üblich noch zu empfehlen.

Stallmist und Kleintiermist

Stallmist oder Kleintiermist mit günstigem C/N-Verhältnis ergänzen die eigene Kompostwirtschaft vorteilhaft. Gemischt mit Grünabfällen und Erdzusätzen erzielen wir besonders wertvolle Schnellkomposte.

Frischer Stall- oder Kleintiermist sind zum Beimischen sehr geeignet.

Rasenschnitt

Rasenschnitt sollte nur angewelkt in dünnen Schichten beziehungsweise durchmischt mit anderen sperrigen Materialien in die Mieten kommen, um Fäulnis und Geruchsbelästigung vorzubeugen.

Rasenschnitt wird nur angewelkt zugefügt.

Gründüngungspflanzen

Gründüngungspflanzen sind eiweißreich, verrotten schnell und ergeben zusammen mit Stroh und Erde nährstoffhaltige Schnellkomposte.

Nährstoffreiche Komposte durch Gründüngungsmasse

Holzasche

Holzasche ist wegen ihres Kaliumgehaltes als Kompostzusatz geschätzt. Je nach Holzart enthält die Asche aber auch Schwermetalle, die zuweilen zu Schadstoffanreicherungen im Kompost geführt haben.

Holzasche ist in begrenzten Mengen unbedenklich.

Laub

Laub enthält viel Gerüststoffe und ist nährstoffarm. In dicken Schichten klumpt es im Komposthaufen undurchlässig zusammen und beeinträchtigt die Rotte. Zerkleinert mit dem Rasenmäher und gemischt mit Rasenschnitt entstehen sehr brauchbare Komposte. Bei gerbsäurehaltigem Laub (Eiche) werden Zusätze von Kalk und Bentonit (Tonmehl) empfohlen.

Sorgfalt bei Laubzugaben

Papier und Pappe

Papier und Pappe müssen vorher zerkleinert und angefeuchtet werden.

Papier und Pappe verrotten, sehr gut zerkleinert, besser, wenn sie vorher in Wasser oder Kräuterjauche eingeweicht worden sind. Nach ausdrücklicher Versicherung der Papierindustrie sind die heute verwendeten Druckfarben absolut schadstoffrei. Der verwendete, technische Ruß wird im Kompost rückstandslos abgebaut. Trotzdem werden Hochglanzpapiere, Kunstdrucke und Illustrierte nur ungern kompostiert, weil sie hartnäckig Wasser abweisen und nur langsam verrotten.

Trester

Trester fördert die Regenwurmentwicklung.

Trester als Rückstände der Wein- und Apfelweinherstellung enthalten unter anderem Restzucker, der zu Alkohol vergärt und deshalb vor allem von Regenwürmern bevorzugt wird. Bei größeren Mengen sollten wir unbedingt Kalk zusetzen! Hopfentrester neigen leicht zu Fäulnis und sind deshalb sorgfältig mit anderen Materialien zu durchsetzen.

Sägemehl

Vorbehandeltes Sägemehl verrottet besser.

Sägemehl, meist stickstoffarm und schlecht rottend, können wir mit Grünmasse mischen, aber auch mit Brennesseljauche, Hornspänen oder Rhizinusschrot zu beschleunigtem Abbau verhelfen. Als Stalleinstreu genutztes Sägemehl ist anschließend wesentlich leichter zu kompostieren.

Rinde

Rindenmaterial braucht Kalkzusatz: 10 kg Kalk je m^3 Kompost werden empfohlen.

Rinde als Rohmaterial ist zwar nährstoffreicher als Sägemehl, aber auch hier müssen wir stickstoffhaltige Stoffe, zum Beispiel Hühnermist, Harnstoff oder organische Handelsdünger zumischen.

Stroh und Heu

Wenig Nährstoffe durch Stroh

Stroh und Heu, vorteilhaft kurz gehäckselt, binden in der Miete mit vielseitigem Rohmaterial Feuchtigkeit und begünstigen die Luftführung. Beide Materialien werden immer in Verbindung mit anderen stickstoffhaltigen Stoffen, zum Beispiel mit Grünmasse oder Küchenabfällen, kompostiert.

Straßenkehricht

Straßenkehricht ist dann ungeeignet, wenn er, wie das auf stark frequentierten Verkehrsstraßen der Fall ist, viel Abrieb von Asphalt, Reifengummi und Ölresten enthält.

Kehricht ist meist ungeeignet.

Ungeeignete Rohstoffe für den Kompost

Fremdkörper im Kompost sind Glas, Metallteile, Draht, Tonscherben, Kunststoffe, Mini-Batterien, Textilien, Altöl, Farbreste und andere Chemikalien, auch Spritzmittelrückstände, Alufolien, Ruß, Bauschutt und ähnliches. Stadtmüll, Klärschlamm und Fäkalien verwenden wir aus hygienischen Gründen und wegen der Gefahr von Schadstoffanreicherungen nicht für unsere Haufenkompostierung.

Kompostmiete - ein biochemischer Reaktor

Sofort nach dem Anhäufen verrottbarer organischer Stoffe beginnen die biochemischen Reaktionen, wenn die notwendigen Voraussetzungen der Wärme und Feuchtigkeit stimmen. Die mikrobiellen Abbauvorgänge sind im Oberbegriff „Verwesung" zusammengefaßt. Als „Fäulnis" werden Prozesse bezeichnet, die anaerob, das heißt ohne Luftzutritt, stattfinden; feststellbar an der Bildung übelriechender Stoffwechselprodukte, zum Beispiel Methan, Schwefelwasserstoff, Ammoniak und Buttersäure.

Fäulnis = Verwesung ohne Luftzutritt, übelriechend

Verläuft der Abbau bei genügender Sauerstoffzufuhr, also aerob, mit luftatmenden Bodenlebewesen, sprechen wir von „Rotte", die wir für alle Kompostierungsvorgänge anstreben. Charakteristisch ist der angenehme Walderdegeruch, verursacht vor allem durch die Tätigkeit der Strahlenpilze. Bei den Oxydationsvorgängen der Rotte werden erhebliche Wärmemengen frei. Dies können wir zum Beispiel bei angehäuftem Rasenschnitt schon nach wenigen Stunden feststellen. Unser Kom-

Rotte = Verwesung bei genügender Luftzufuhr, angenehmer Erdgeruch

Die Rotte ist ein Oxydationsprozeß mit Wärmefreisetzung.

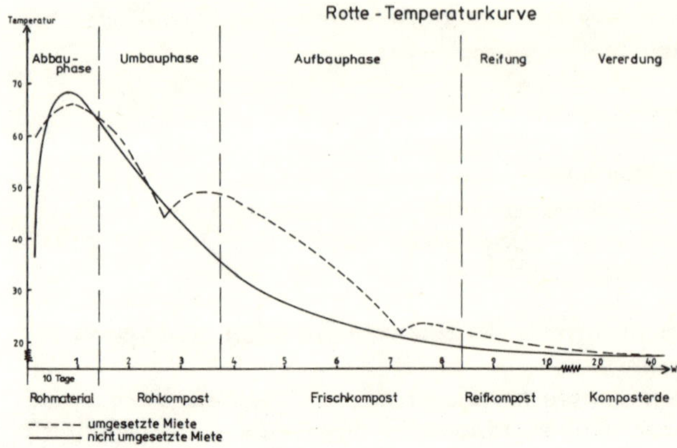

posthaufen wird zu einem Biomeiler mit beachtlichem Energieumsatz. Die Rotte selbst läuft in Teilabschnitten geregelt ab, und zwar in wechselnder Besetzung der tätigen Bodenlebewesen in den einzelnen Phasen der Umbildung.

Die Gesamtrottedauer beträgt je nach Anforderung an die Kompostqualität sechs bis zwölf Monate.

Die Rottephasen verlaufen anfangs sehr schnell und verlangsamen sich in den späteren Entwicklungsabschnitten. Wird während der Rottezeit der Kompost umgesetzt, um auch Randschichten des Haufens besser zu aktivieren, sinkt die Mietentemperatur zunächst ab, um kurz danach wieder neu belebt anzusteigen (siehe Abbildung oben). Während der Kompostierung lösen die verschiedenen Gruppen von Bodenlebewesen einander ab. Nachdem die eine die Verhältnisse verändert, können die nachfolgenden Arten wiederum Nahrung und Lebensraum finden.

Wegen des enormen Energieumsatzes wird der Komposthaufen zurecht als Bio-Meiler oder Bio-Reaktor bezeichnet.

Und nun zu den einzelnen Rottephasen.

Abbauphase oder Vorrotte

Charakteristisch ist die schnelle Erwärmung im Mieteninnern, nicht selten bis 70 °C, innerhalb weniger Tage. Eingeleitet wird der Prozeß von Bodenorganismen, die sich von leicht abbaubaren Stoffen wie Eiweiß und Zukker ernähren. Ab Temperaturen über 40 °C übernehmen wärmeliebende Pilze und sporenbildende Bakterien die Abbauaktivität und verarbeiten bereits auch Zellulose und Fette. Zwischen dem dritten und siebten Tag wird bei Gartenkomposten das Temperaturmaximum von 50–70 °C erreicht. Durch diese Hitzeentwicklung werden teilweise Unkrautsamen, Keimlinge und Schadorganismen abgetötet. Der pH-Wert sinkt leicht ab.

Umbauphase

Nach dem fortgeschrittenen Abbau leicht umsetzbarer Substanzen sinkt die Temperatur auf 35 °C ab. Gegenüber der bisher dominierenden Bakterientätigkeit nimmt jetzt das Pilzwachstum stärker zu. Ein höherer Gasaustausch ist feststellbar. Ammoniak kann organisch gebunden werden, das C/N-Verhältnis wird enger. Dieser Entwicklungsabschnitt dauert bis zu zwei Wochen.

Aufbauphase

Bei Temperaturen um 20 °C erfolgt die stärkere Besiedlung durch Kleintiere, zum Beispiel mit Springschwänzen, Bodenmilben, Tausendfüßlern, Asseln und Kompostwürmern (Eisenia foetida), die zur Zerkleinerung sowie Vermengung organischer und mineralischer Bestandteile und zum Aufbau stabiler Humusfraktionen wesentlich beitragen. Charakteristisch ist die zunehmende Schwarzfärbung des Kompostes. Nach Abschluß dieses mehrmonatigen Entwicklungsabschnittes ist der Kompost pflanzen- beziehungsweise wurzelverträglich geworden.

Reifung

Die Temperatur hat sich der natürlichen Bodenwärme angeglichen und der Sauerstoffbedarf ist niedrig geworden. Es kommt jetzt kaum noch zu Fäulniserscheinungen. Das Produkt ist krümelig, erdig und duftet nach Waldboden. Das C/N-Verhältnis liegt etwa bei 20:1 im Reifkompost.

Vererdung

In dieser auslaufenden langfristigen Phase erfolgt die allmähliche Vererdung des Kompostes. Die Mistwürmer verschwinden und der große Regenwurm ist anzutreffen.

Dieser Kompost hat nur eine geringe düngende Wirkung. Die Stärke liegt in der anhaltenden Bodenverbesserung durch seine stabilen Humusformen.

Sammeln und Mietenaufbau

Die Kompostierung in Haufen oder Behältern ist eine vom Menschen gewollte und steuerbare Maßnahme, um organische Reststoffe in den Naturkreislauf zurückzuführen und zeitlich schneller als in der freien Natur wertvolle, stabile Humusformen zu erzielen.

Zum Kompostieren im eigenen Garten wollen wir alle unbedenklichen, verrottbaren Reststoffe aus Küche, Garten und Kleintierhaltung verwerten. Ideal ist, wenn kurzfristig reichlich vielseitiges Ausgangsmaterial zur Verfügung steht, ausreichend für eine ganze Kompostfüllung oder Miete. In Wirklichkeit fallen die Kompostrohstoffe nur klein portioniert und saisonal in wechselhafter Zusammensetzung an. Wir müssen also zunächst sammeln und lagern. Dies geschieht im kleinen Garten geschickt mit einem abdeckbaren Kompostbehälter. Im anderen Fall wird neben der Erdmiete auf dem Kompostplatz gesammelt und dabei das sperrige Material, zum Beispiel Zweige, Staudenreste und Papier, getrennt gelagert. Um Geruchsbelästigungen, Ungeziefervermehrung und unschönes Aussehen zu vermeiden, decken wir unser frisches Sammelgut mit Stroh oder anderen Materialien zunächst ab. An Stelle des Sammelhaufens läßt sich geschickt auch ein einfacher auseinandernehmbarer Verschlag bauen.

Sammeln deshalb, weil Rohstoff-Portionen meist klein sind und mit wechselnder Zusammensetzung.

Sammelbehälter sollten abdeckbar sein.

Auf die besonderen Eigenschaften der Kompostrohstoffe und ihre Vorzüge wird nachfolgend noch hingewiesen.

Für das Aufsetzen der Mieten ist wichtig, daß das Material genügend zerkleinert ist. Erwünscht sind Teilgrößen bis zu 5 cm Stärke. Weichstoffe lassen sich durch Stechen mit Spaten oder Schaufel bearbeiten, Holzteile mit Gartenschere, Häckselzwerg oder Schredder.

Zerkleinertes Material verrottet schneller; erwünscht sind Teilgrößen bis zu 5 cm.

Damit ausreichend Erde für Zwischenlagen verfügbar ist, räumen wir in der Größe unserer vorgesehenen Mietenfläche den Oberboden - eine flache Mulde bildend - zur Seite. Als Mietenunterlage eignet sich gröberes, verholztes Material für einfache Drainungs- und Lüftungsfunktionen.

Der Mietenfuß ist die kritischste Rottezone mit erhöhter Fäulnisgefahr.

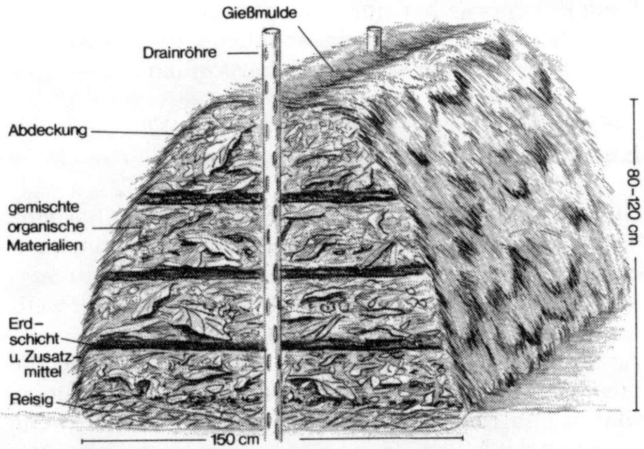

Aufbau des Kompostes

Beim Aufsetzen ist auf eine genügende Durchmischung der Materialien zu achten. Um Klumpenbildung und Fäulnis vorzubeugen, sollen feuchte Küchenabfälle oder Rasenschnitt in flachen Schichten mit trockenen Bestandteilen abwechseln. Vielseitig zusammengesetztes Kompostgut, gut durchmischt mit gröberen und feinen, trockenen und feuchten, tierischen und pflanzlichen, kohlenstoffreichen und stickstoffreichen Rohstoffen bietet die Gewähr für eine günstige Rotte. Beim schichtenweisen Aufbau besteht die Möglichkeit, Zusatzmittel wie Gesteinsmehl, Kompostbeschleuniger, Kalk oder Düngestoffe dosiert beizufügen (siehe Seite 143 ff.).

Auf Vielseitigkeit und gute Durchmischung achten.

Die gewünschte Rotte kann nur unter bestimmten Voraussetzungen, nämlich ausreichender Feuchte, Nährstoffversorgung, Luftzufuhr und Wärme, erfolgen. Sporen von Bakterien und Pilzen können schnell keimen und sich entwickeln. Beim Kompostieren im Sommer ist es nicht selten notwendig, zusätzlich zu wässern. Dies kann vorteilhaft mit Regenwasser oder Kräuterjauchen geschehen. Unter 25% Mindestwassergehalt kommt die Rotte zum Stillstand. Während des Abbauvorganges wird fortwährend Wasser abgegeben. Unser Kompost dampft und zeigt an, daß der Abbau richtig verläuft.

Optimal sind Wassergehalte der Ausgangsstoffe um 50%. Das Material fühlt sich bei diesem Zustand feucht an.

Andererseits ist zuviel Nässe, zum Beispiel infolge längerer Schlechtwetterperioden oder Wasserstau von unten bei verdichtetem Untergrund, nachteilig. Faulpro-

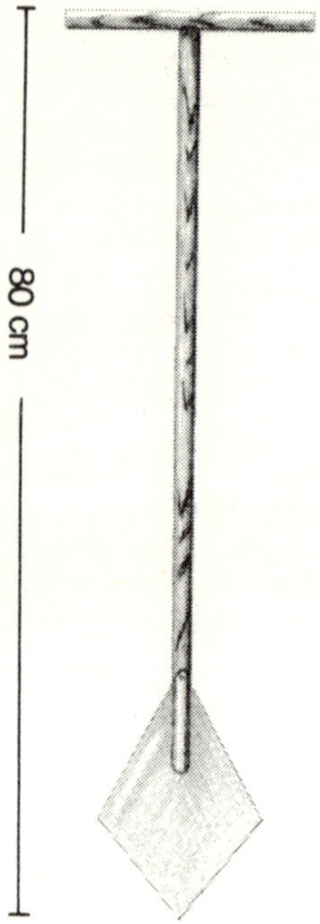

Schneidlüfter

Das Kohlenstoff/Stickstoffverhältnis (C/N-Verhältnis) soll zwischen 20:1 und 35:1 liegen; das heißt, auf 20-35 Teile Kohlenstoff entfällt 1 Teil Stickstoff.

Stickstoffhaltiges Beiwerk kann vor allem im Sommer vorteilhaft in Wasserauszügen (zum Beispiel 10-20 kg Pflanzenmaterial in 100 Liter Wasser) dem Komposthaufen zugesetzt werden.

zesse mit üblen Gerüchen, beispielsweise nach Schwefelwasserstoff, sind die Folge. Eine einfache Überprüfung des Wassergehaltes kann mit Hilfe der Faustprobe erfolgen. Optimal ist in der Regel der Wassergehalt, wenn das gepreßte Material zusammenhält und zwischen den Fingern feine Wasserperlen erscheinen.
Ist die gewünschte Haufenhöhe von 0,80 - 1,20 m erreicht, wird zweckmäßig mit einer Schicht Stroh, altem Heu, Laub oder auch mit gelochten Folien beziehungsweise Vliesen ummantelt und vor Vernässung geschützt.
Der Nährstoffgehalt des Kompostierungsgutes wird durch das Kohlenstoff : Stickstoff-Verhältnis (C/N-Verhältnis) maßgeblich bestimmt; sicherlich wird es für den Kompostierungsablauf häufig überbewertet. Über- oder Unterschreitung der C/N-Mittelwerte führen in der Regel zur Verlängerung der Rottezeit, müssen aber letztendlich nicht unbedingt nachteilig sein. Die C/N-Werte für die wichtigsten Kompostrohstoffe sind in der Übersicht auf Seite 133 zusammengestellt. Kohlenstoffreich sind Holz, Sägemehl, Laub, Stroh und Papier, stickstoffhaltig eiweißhaltige Bestandteile von Küchenabfällen, Gründünger, Rasenschnitt, Mist und organische Dünger.
Die Rotte ist ein Abbauprozeß, der in Anwesenheit von genügend Luft stattfindet. Fehlgesteuerte Entwicklungen infolge von Luftmangel können zu unerwünschten Stickstoffverlusten führen. Gefährdet sind stark zerkleinerte Kompostmaterialien in zu breit und überhöht angelegten Mieten und seitlich schlecht luftzuführenden Kompostern. Zusätzliche Luftzufuhr wird im Komposthaufen durch senkrechten Einbau von Drainröhren oder Pfahllöcher erreicht. Fabrikhergestellte Komposter werden verschiedentlich mit gelochten Mittelrohren geliefert oder mit sogenannten Schneidlüftern, beispielsweise beim Normstahlkomposter, die beim Einstoßen in die Kompostmasse Luftwege freischneiden.
Bei fehlender Außenwärme verläuft der Rotteprozeß langsamer und mit geringerer Eigenerwärmung. Winterlich gebremste Abbauentwicklungen lassen sich im Frühjahr durch Umsetzen des Komposthaufens und Zusätze von Kompostbeschleuniger wieder in Gang bringen. Verschiedentlich wird für das Kompostieren im Spätjahr mit kühler Witterung eine Hefeimpfung empfohlen.
Für die Herstellung von Schnellkompost ist der Som-

mer mit seinen Übergangsmonaten die beste Jahreszeit.

Vielfalt der Komposter

Komposter erfüllen vor allem für kleinere Gärten die Zwecke des Sammelns und der Rotte. Ohne Geruchsbelästigung für die Nachbarschaft kann damit das Kompostieren verhältnismäßig schnell und sicher erfolgen. Bei richtiger Handhabung lassen sich mit solchen Behältern qualitativ hochwertige Komposte herstellen.
Bei der Anschaffung oder dem Selbstbau eines Komposters sind die Erfordernisse für die Rottevorgänge zu berücksichtigen, nämlich genügend Luftzutritt, Schutz vor starker Sonnenbestrahlung und Austrocknung sowie andererseits vor Übernässung. Auch Komposter müssen mit dem Unterboden in Verbindung stehen, damit Bodenlebewesen beliebig einwandern und bei vorüberge-

Rezept für Hefeimpfung: Für 1 cm^3 Kompost ein Würfel Backhefe und 300 g Zucker in zehn Litern warmem Wasser auflösen und das Kompostgut beim Aufsetzen überbrausen.

Nur wenn die Grundvoraussetzungen erfüllt sind, genügen die Komposter unseren Anforderungen.

Verschiedene Kompostbehälter

Bei Angeboten und Beschreibungen finden wir neben den älteren Begriffen wie Kompostsilo, -tonne, -gitter und -lege auch neuere Bezeichnungen, zum Beispiel Solarkomposter, Thermokomposter, Komposet und Bio-Container.

henden extremen äußeren Einflüssen auch wieder ausziehen können.
Die eigentliche Materialverwendung für den Bau ist erst von sekundärer Bedeutung. Sie soll natürlich Haltbarkeit und Belastbarkeit garantieren. Bei der Anschaffung eines Komposters ist darauf zu achten, daß Füllen und Entleeren sowie die Kontrolle möglichst einfach mit wenigen Handgriffen möglich sind.
Die derzeit bekanntesten handelsüblichen Komposter sind in der Übersicht auf Seite 139ff. zusammengestellt.

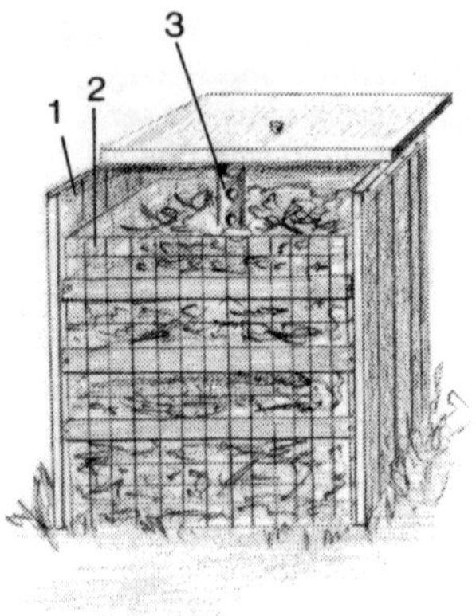

Solarkomposter; 1 Mantel des Komposters, 2 Einsatzbehälter aus Drahtgitter, 3 Lüftungsrohr

Solar-Komposter

Der Solar-Komposter besteht aus einem Sonnenwärmesammler, dem Mantel des Komposters sowie einem Einsatzbehälter aus Drahtgitter (siehe Abbildung Seite 68). Der Abstand zwischen den beiden Elementen ermöglicht den vorteilhaften Wärme- und Luftaustausch, ohne daß die Randzonen stärker austrocknen. Solar-Komposter ermöglichen vorteilhaft Schnellkompostierungen.

Selbstbau

Größe der Einzelboxen: 100 x 100 cm Grundfläche und 90 cm Höhe

Das System muß genügend Luftzufuhr gewährleisten.

Billigste Selbstbaulösungen bestehen aus Draht oder gebrauchten Fässern.

Selbstverständlich lassen sich Komposter auch im Eigenbau, insbesondere aus Rundholz beziehungsweise Bohlen und Stein oder Draht, erstellen. Empfehlenswert sind beim Eigenbau zwei-, besser dreikammerige Systeme, wobei ein Behälter zum Sammeln bestimmt ist und die beiden anderen zum Rotten und Reifen Verwendung finden. Starke Eckpfosten mit Nut müssen bei Holzbauten das Einsetzen der Seitenbretter ermöglichen; zumindest gilt dies für die Vorderseite zur leichteren Entnahme des fertigen Kompostgutes. Der Anstrich soll ungiftig sein (Mittel, die mit dem blauen Umweltengel ausgezeichnet sind) und nicht störend wirken.
Bei gemauerten Kompostern, zum Beispiel mit Backsteinen, ist auf ein ausreichendes Löchersystem der Seitenwände zu achten. Die Öffnung der nicht gemauerten Vorderfront sollte durch den Einschub von Brettern leicht verschließbar sein.
Einfache, runde Drahtsilos lassen sich ohne großen Kostenaufwand mit Maschendraht oder Baustahlgewebe und einigen Zaunpfählen bauen.

Sind Stahlfässer verfügbar, müssen nur an den Seiten und in den Boden Luftlöcher gebohrt werden, und die Kompostierung kann damit beginnen.

Gartenhäcksler

Die Übersetzung von Shredder (englisch) = Zerkleinern.

In den windreichen Flachlandregionen Norddeutschlands werden Felder und Höfe durch kilometerlange Buschhecken, den sogenannten Knicks, geschützt. Bei regelmäßiger Pflege und Erhaltung dieser naturgemäßen Windschutzvorrichtung fielen schon immer gewaltige Mengen von Schnittholz und Reisig an. Der Pionier Peter Jensen aus Angeln hatte bereits vor 100 Jahren die Idee, dieses Material maschinell zu zerkleinern und besser zu nutzen. Seit 80 Jahren werden im Familienunternehmen Jensen Holzzerkleinerungsmaschinen gebaut.

Schnittholz und Reisig zerkleinert sind besser zu kompostieren und zu mulchen.

Für das Schnittholzhäckseln und die gärtnerische Kompostbereitung haben sich allerdings erst seit 30 Jahren Buschhacker und Erdmischer stärker durchgesetzt, die nach dem ursprünglichen Arbeitsprinzip konstruiert sind. Der große Durchbruch bei den Holzhäckslern gelang erst jüngst mit verstärkten Kompostierungsbemühungen zur Verwertung organischer Rohstoffe. Inzwischen sind allein über 30 verschiedene Gartenhäcksler-Typen im Handel. Mit solchen Schreddern (siehe Foto Seite 67) können wir im Garten sperrige organische Reststoffe im Volumen stark reduzieren und für den Abbauprozeß im Kompost vorzüglich aufbereiten. Das gewonnene Häckselgut kann auch zur Bodenbedeckung als Mulch Verwendung finden.

Die Gartenhäcksler werden mit unterschiedlichen Zerkleinerungswerkzeugen, sowohl mit Messer- als auch mit Schlagwerk, angeboten. Mit Messer-Schreddern erhalten wir Hackschnitzel, die vorzüglich zum Mulchen geeignet sind. Mit Schlagwerkzeugen ausgerüstete Maschinen liefern schmalfaseriges Schreddergut, das sich zum Haufenkompostieren besser eignet. Zur Erdaufbereitung kommen nur Komposthäcksler mit Schlagwerk in Betracht.

Besondere Aufmerksamkeit verdienen Gartenhäcksler mit Zweikammersystemen, die sowohl erdiges, krautiges Rohmaterial als auch Zweige und Geäst verarbeiten.

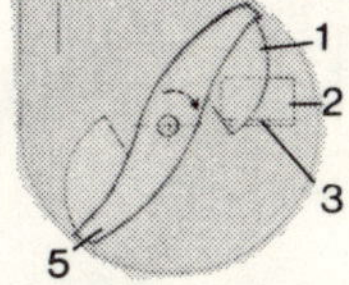

Schredder-Arbeitssysteme (Draufsicht); oben: Messersystem; 1 Messer, 2 Zuführkanal, 3 Gegenschneide, 4 Auswurf, 5 Wurfschaufel; unten: Hammerschlagsystem; 1 Einführtrichter, 2 Einzugswalze, 3 Gegenanschlag, 4 Hammer, 5 Auswurf

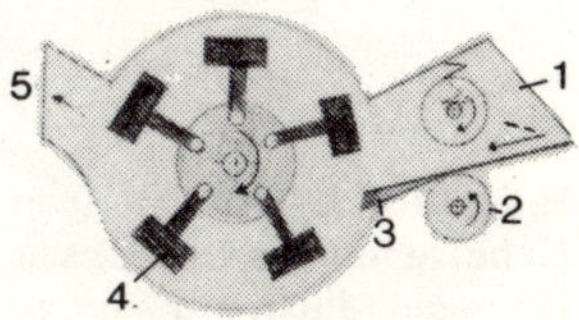

In einem zweiten Durchgang ist zudem ein Mischen des Häckselgutes möglich.

Ausrüstung mit Elektro- oder Verbrennungsmotoren

Kleinere Geräte der unteren Preisklasse (unter DM 1 000,- -) sind mit Elektromotoren ausgerüstet, vorherrschend für 220 V Lichtstrom und nur bei größerem Leistungsbedarf für 380 V Kraftstrom. Ferner werden allgemeine Schredder mit Verbrennungsmotoren oder Holzhacker mit Zapfwellenantrieb für Schleppereinsatz angeboten.

Berücksichtigen wir bei der Anschaffung Arbeitsprinzip und Motorleistung, so lassen sich mit den bekannten Häckslertypen befriedigende Ergebnisse erzielen. Noch ist die Lautstärke verschiedener Geräte beachtlich hoch; mit Verbesserungen kann allerdings gerechnet werden.

Beim Kauf auf Schredderlärm achten!

Schließlich soll in den Wohngebieten am Samstag neben den Rasenmähergeräuschen nicht auch noch Schredderlärm Ärgernis erregen. Für Kleingartenkolonien und Gruppensiedlungen wird die Anschaffung leistungsstarker Gemeinschafts-Schredder empfohlen.

Gemeinschafts-Schredder

Vereinzelt bieten auch Lohnunternehmer das Zerkleinern von Gartenabfällen gegen Entgelt an.

Folgende Einsatzbedingungen sollten wir bei Gartenhäckslern beachten:

1. Geräte mit Messerwerkzeugen eignen sich nur für Schnittholz.
2. Schredder mit Zweikammersystem sind vielseitiger verwendbar.
3. Schon beim Schneiden muß man auf gering verzweigtes Geäst achten; stark verzweigtes wird vor dem Schreddern zubereitet.
4. Sicherheitsbestimmungen sind zu beachten. GS-Zeichen heißt „Geprüfte Sicherheit". Damit sind die einschlägigen Unfallverhütungs- und VDE-Vorschriften erfüllt.
5. Die Geräte sollen einen stabilen Stand haben.
6. Beim Einsatz müssen Überforderungen der Geräte vermieden werden.
7. Im Freien dürfen nur Kabel mit Gummiummantelung (Rasenmäherkabel) verwendet werden. Mit zunehmender Kabellänge sinkt die Motorleistung.

Handbetriebener „Häckselzwerg" für Kleinmengen

Ergänzend wird schließlich auf das lautlose Zerkleinern von Kompostrohmaterial mit dem handbetriebenen „Normstahl-Häckselzwerg" hingewiesen. Damit können Zweige bis 3 cm Dicke ohne großen Kraftaufwand geschnitten werden. Die Hersteller der bekanntesten Gartenhäcksler sind in der Übersicht auf Seite 145f. verzeichnet.

Was verstehen wir unter Humus?

Allgemein betrachtet umfaßt der Begriff Humus die Gesamtheit aller organischen Substanzen in und auf dem Boden; bestehend aus Resten abgestorbener Pflanzen und Tiere und deren Umwandlungsprodukte. Streng genommen ist Humus allerdings nur diejenige organische Substanz, die weitgehende Veränderungen erfahren hat. Die Zellstrukturen sind aufgelöst, und selbst mikroskopisch ist die Herkunft der Ausgangsstoffe, ob pflanzlicher oder tierischer Art, nicht mehr erkennbar. Humus gibt dem Mutterboden die dunkle Farbe und gilt als Inbegriff der Fruchtbarkeit.

– Von der organischen Substanz zum Humus –

Alle Huminstoffe sind komplizierte chemische Verbindungen. Der eingebaute Stickstoff, die eigentliche Reserve im Boden, wird nur allmählich mineralisiert und pflanzenverfügbar. Die Huminstoffe vermögen, dank ihrer großen spezifischen Oberfläche und Bindungskräfte, Nährstoffe festzuhalten und vor Auswaschung zu schützen. Die Anlagerung ist andererseits so locker, daß sie pflanzenverfügbar bleiben.

Spricht der Praktiker von der „Alten Kraft" seines Bodens, meint er den Humusgehalt und dessen nachhaltige Wirksamkeit.

Humus wirkt stärker noch als Tonminerale als leicht zugänglicher Vorratsspeicher für Nährstoffe im Boden, schützt vor Verlusten und liefert nach Bedarf an die Pflanzenwurzeln (Pufferwirkung). Bemerkenswert ist die Verbesserung des Wasser- und Lufthaushaltes durch Humusstoffe im Boden. Sein Vermögen, bis zum fünffachen seines Eigengewichtes Wasser zu speichern, bedeutet, daß bei ausreichender Humusversorgung, je nach Bodenart, die Wasserverfügbarkeit nahezu verdoppelt werden kann. Die Eigenschaft „bessere Bodendurchlüftung" hängt mit der Fähigkeit der Humusstoffe zusammen, Bodenteilchen zu dauerhaften Krümeln zu verkitten. Die Krümelstruktur ist nämlich ein vielfältiges Luftspaltensystem, das in vortrefflichem Maße die Bodenatmung ermöglicht.

Besondere Humuseigenschaften sind:
– Nährstoff- und Wasserspeicherung,
– bessere Bodendurchlüftung und Erwärmung und
– Erosionsschutz.

Humushaltige Böden können auch stärkere Niederschläge besser aufnehmen und in die unteren Schichten transportieren, wodurch die Erosion eingeschränkt werden kann. Durch die dunklere Färbung lassen sich humushaltige Böden im Frühjahr leichter erwärmen und sind deshalb für zeitige Kulturen vorteilhafter.

Zur Mengenberechnung der organischen Substanz wird der Kohlenstoffgehalt (C) mit dem Faktor 2 multipliziert.

Zusammensetzung der organischen Trockensubstanz im Boden nach SCHEFFER-SCHACHTSCHABEL (Mittelwerte)

- 47% Kohlenstoff (C) (variabel 45-50%)
- 44% Sauerstoff (O)
- 7% Wasserstoff (H)
- 2% Stickstoff (N) (variabel 0,5-3%)

Klassifizierung der Böden

Bezeichnung des Bodens	Gehalt an organischer Substanz in %	Symbol
humusarm	1	h''
schwach humos	1-2	h'
humos	2-4	h
stark humos	4-10	$\underline{h}$
sehr stark humos oder humusreich	10-15	$\underline{\underline{h}}$

Mengenfeststellungen der organischen Substanz sind ohne Aussage für die Humusqualität eines Bodens.

Ton-Humuskomplexe verbessern die Humusstabilität.

Je nach Ausgangsmaterial, zum Beispiel dessen Lignin- und Zellulosegehalt, und den Bildungsvoraussetzungen - vor allem den Klimafaktoren - entstehen mehr oder weniger wertvolle Humusstoffe. Huminsäuren und Humine bilden mit Tonteilchen die bekannten stabilen, organisch-mineralischen Ton-Humuskomplexe, zum Beispiel auch im Darm der Regenwürmer. Geschätzt sind vor allem die Grauhuminsäuren mit hohem Stickstoffanteil, die sich zum Beispiel mit Kalk im Boden zu Kalziumhumaten verbinden können und für die Stabilität des Humus eine bedeutsame Rolle spielen. Die wichtigsten in der Natur vorkommenden Humusformen unserer Böden sind Mull, Rohhumus und Moder.

Mull

Mull ist die günstigste Humusform nährstoffreicher, aktiver Böden mit pH-Werten um 7 und ausreichendem

Tongehalt. Es sind stabile, organo-mineralische Bindungen möglich; typisch ist ein frischer Erdgeruch.

Rohhumus

Rohhumus finden wir auf untätigen Böden, zum Beispiel in Nadelwald, sauren Wiesen und Heideflächen. Die Zersetzung der organischen Masse ist stark gehemmt. Rohhumus ist sehr sauer. Bei der Rohhumus-Melioration kann durch Kalkung, Stickstoffdüngung und Vermischung mit der obersten Bodenschicht die Entwicklung zu Moder- und Mullhumus eingeleitet werden.

Moder

Moder als locker krümeliges Gefüge wird unter ungünstigen Standortbedingungen gebildet. Die Zersetzung organischer Stoffe im Boden ist zum Beispiel durch Bodenversauerung beeinträchtigt. Moder gilt als charakteristische Humusform der Sandböden, mit einer Zwischenstellung zwischen wertvollem Mull und gering geachtetem Rohhumus.

Unterschiedliche Umwandlung der organischen Substanz beim Kompostieren

Bei der Kompostierung läßt sich organische Substanz unterschiedlich rasch umwandeln. Alle grünen Weichteile der Pflanzen zeigen eine schnelle Zersetzung; verholztes Material dagegen wird nur langsam abgebaut. Nach der Struktur der organischen Substanz und dem Zersetzungsgrad gilt die folgende Einteilung.

Nährhumus

Nährhumus ist die Nahrungsquelle der Mikroorganismen.

Nährhumus ist schnell abbaubar, gilt als reiche Nahrungsquelle für Mikroorganismen im Boden und kann weitgehend mineralisiert werden. Gründüngung und Ernterückstände haben beispielsweise hohe Anteile leicht umsetzbarer organischer Substanz.

Dauerhumus

Dauerhumus dient der Strukturverbesserung des Bodens.

Dauerhumus ist mikrobiell schwer zersetzbar, beständig und dient der langsamen, jedoch anhaltenden Bodenverbesserung, zum Beispiel als reifer Kompost.

Kompost fördert Bodenfruchtbarkeit und Ertragsleistung

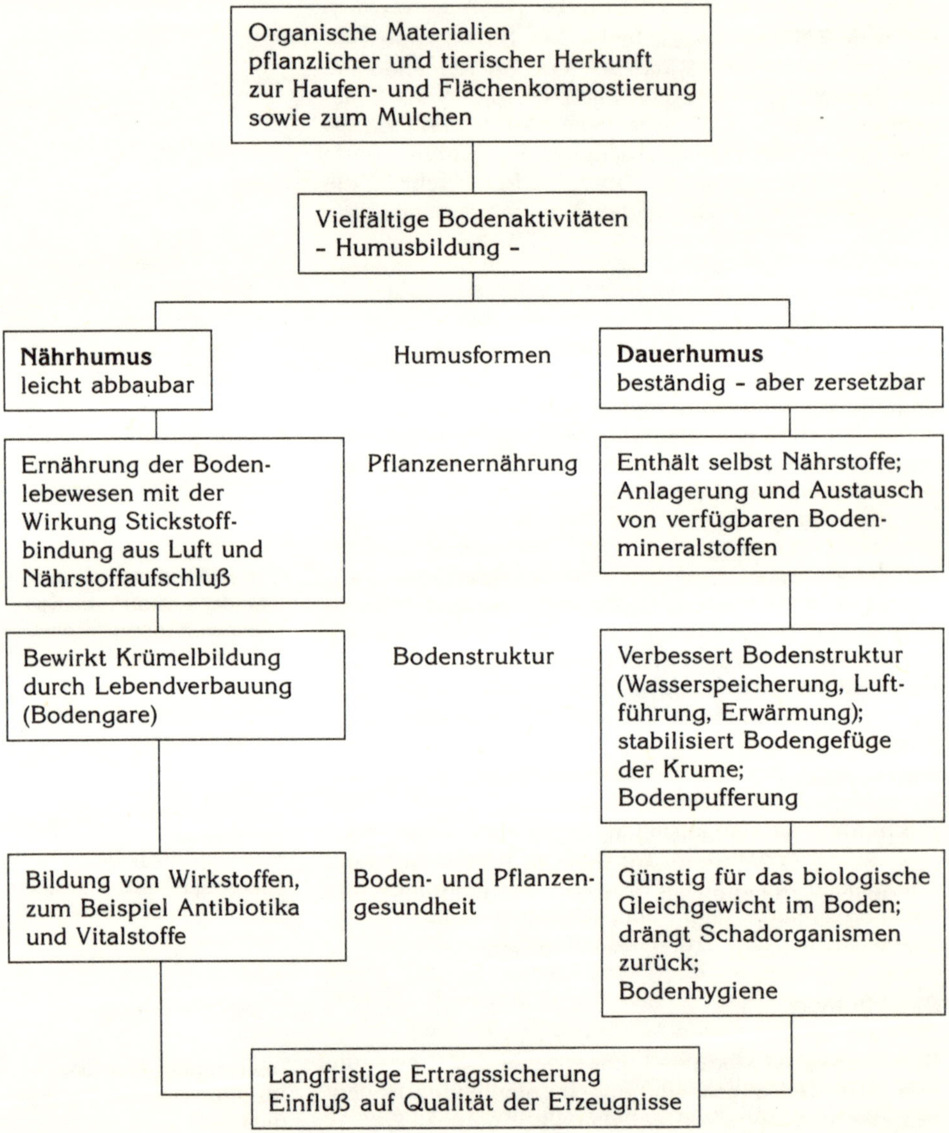

Edaphon, das Leben im Komposthaufen

Entscheidend ist die Erkenntnis, daß bei den Kompostierungsvorgängen nicht nur eine Zerlegung organischen Materials in einfache Stoffe erfolgt, sondern in den Rotteprozessen auch neue, komplizierte Substanzen, Humus- und Wirkstoffe gebildet werden. Dazu bedarf es der Vielfalt an Bodenlebewesen, die in ihrer Gesamtheit von R. H. Francé erstmals als Edaphon bezeichnet worden sind.

Das Edaphon (griech. edaphisch = den Boden betreffend) besteht aus Bodenflora und Bodenfauna.

Bodenflora

Beim Edaphon überwiegt die Bodenflora mit der größten, arten- und formenreichsten Gruppe der Bakterien, mit Strahlenpilzen, den sogenannten Aktinomyceten, Bodenpilzen, Algen und Flechten.
Unter normalen Bedingungen beträgt der Anteil der Bodenflora am Edaphon 60-90 Gewichtsprozent.
Bakterien: sind kleinste, einzellige, schleimumgebene Organismen, die mit Hilfe moderner Elektronenmikroskope, Infrarotbelichtung und Zeitrafferfilm sichtbar gemacht werden können. Trotz ihrer Kleinheit sind die Bakterien durch Vielzahl und Verschiedenheit zu beachtlich umfangreichen Stoffumsetzungen fähig.

Die wunderbare Welt der Bakterien wird im Elektronenmikroskop sichtbar.

Zur Unterscheidung werden die Bakterien nach äußeren Formen, Lebensäußerungen und Vorkommen eingeteilt und bezeichnet. Für unsere Überlegungen ist wichtig, daß manche Arten Luftsauerstoff benötigen, die sogenannten aeroben oder Rottebakterien, andere unter Luftabschluß, also anaerob, leben, die Fäulnisbakterien. Als Kohlenstoffquelle, zur Nahrung, verwenden die Bakterien organische Substanz. Stickstoff wird sowohl organischen wie anorganischen Verbindungen entnommen.

Bakterien benötigen die gleichen Nährstoffe wie höhere Pflanzen.

Einteilen der Bakterien:
1. Aerobe oder Rottebakterien
2. Anaerobe oder Fäulnisbakterien

Die Bakteriengattung „Azotobakter“ vermag sogar Luftstickstoff zu binden, der in der Folge der Pflanzenernährung dienlich sein kann. Rhizobium-Arten, die in Symbiose mit höheren Pflanzen leben, zum Beispiel die Knöllchenbakterien der Leguminosen, können ebenfalls Luftstickstoff pflanzenverfügbar erarbeiten. Spezialisten unter den Bakterien oxydieren Schwefel, Eisen und Mangan zu höherwertigen Verbindungen.

Azotobakter und Rhizobium-Arten vermögen den Stickstoff der Luft zu binden.

Das Temperaturoptimum für die Bakterientätigkeit liegt bei 30 °C. Innerhalb von 30-90 Minuten können sich

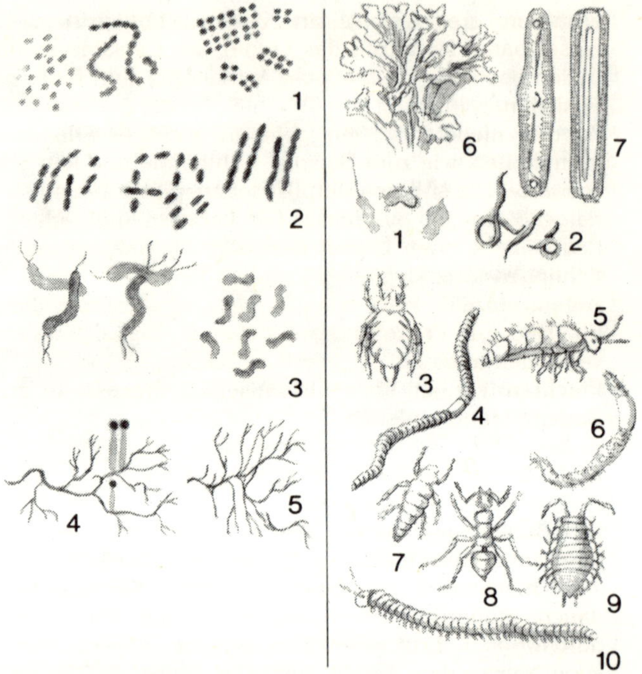

Bodenflora (links und rechts oben): 1 Kokken (Kugelbakterien), 2 Stäbchen (Eubakterien), 3 Spirillen (schraubenförmige Bakterien), 4 Schimmelpilzmycel mit Fruchtkörper, 5 Actinomycetenmycel, 6 Flechte, 7 Alge, Schalenansicht (links), Gürtelbandansicht (rechts); Bodenfauna (rechts): 1 Protozoen, 2 Nematoden, 3 Milbe, 4 Regenwurm, 5 Springschwanz, 6 Borstenwurm, 7 Käferlarve, 8 Ameise, 9 Assel, 10 Tausendfüßer

Das Temperaturoptimum für das Bakterienleben liegt bei 30 °C.

die Bakterien unter günstigen Voraussetzungen verdoppeln.

Bei 80 °C sterben sie ab, wobei verschiedene Arten in Dauerformen, den Sporen, überstehen. Anaerobe Bakterien entziehen Sauerstoff zum einen den Kohlehydraten und bilden dabei stinkendes Methangas (Sumpfgas), zum anderen den Sulfaten, wobei gasförmiger, faulig riechender Schwefelwasserstoff entsteht.

Einzellige Strahlenpilze sind die Übergangsformen zwischen Bakterien und Pilzen.

Strahlenpilze oder Aktinomyceten: sind ebenfalls einzellig und ähnlich groß wie Bakterien. Sie benötigen vorwiegend Luftsauerstoff zum Leben, zersetzen widerstandsfähigere Substanzen, wie Zellulose und Chitin, bilden Antibiotika, zum Beispiel Streptomycin, und verleihen dem Boden den angenehmen, frischen Walderdegeruch.

Pilze: im Boden sind mehrzellig und bilden typische Myzele (= Pilzgeflechte), die mit bloßem Auge sichtbar werden. Auch Pilze leben aerob, allgemein bekannt als Schleim-, Schimmel- und Hutpilze. Für ihre Kohlenstoffernährung greifen sie Pektine, Zellulose und den schwer zersetzbaren Holzstoff, das Lignin, an. Einzelne Arten bilden ebenfalls antibiotische Wirkstoffe, zum Beispiel Penizillin.

Zu den niederen Pilzen gehören wichtige Pflanzenkrankheiten, wie zum Beispiel Kohlhernie und Rettichschwärze. Die eßbaren Hutpilze leben mit Laub- und Nadelgehölzen in Symbiose (= Lebensgemeinschaft). Raubpilze können Nematoden oder Geißeltierchen in Schlingen ihrer Hyphen (Pilzfäden) fangen.

Die Pilze entwickeln sich am besten bei pH-Werten um 5,0 und bevorzugen meist trockene Standorte. Längere, extreme Trockenzeiten werden mit Sporenstadien überstanden.

Algen: einzellig oder fadenförmig und chlorophyllhaltig, sind zur Photosynthese befähigt. Blaualgenarten vermögen auch Luftstickstoff zu binden.

Algen finden wir meist in der obersten Bodenschicht, weil sie Licht benötigen.

Flechten: können ebenfalls vielseitige Prozesse in der Bodenbildung einleiten.

Flechten sind Lebensgemeinschaften von Pilzen und Algen.

Bodenfauna

Die Bodenfauna umfaßt eine Vielzahl verschiedener Tierarten unterschiedlicher Größe, die organische Substanz mechanisch zerkleinern, durchmischen oder verdauen, räuberisch leben und mit Gängen den Boden durchwühlen. Erdfresser, zum Beispiel Regenwürmer, auch Nematoden, Asseln, Ameisen, Tausendfüßler und Insektenlarven sowie die Erdwühler Mäuse und Maulwürfe, bewegen durch ihre Tätigkeit ungeheure Erdmengen, sorgen damit für eine innige Durchmischung der Materialien, verbessern das Porenvolumen und damit den Wasser- und Lufthaushalt. Bei den tierischen Bodenlebewesen sind zahlenmäßig einzellige Protozoen, Geißel-, Räder- und Bärtierchen am stärksten vertreten. Mit zunehmender Körpergröße nimmt ihre Anzahl im Kompost ab, und zwar in der weiteren Reihenfolge über Nematoden, Borstenwürmer, Regenwürmer, Asseln, Milben, Tausendfüßler, Springschwänze, Schnekken, Maulwürfe, Hamster und Kaninchen.

Bodenfauna = Bodentierwelt als Erdfresser und Erdwühler

Mit zunehmender Körpergröße nimmt die Anzahl der Bodentiere ab.

Bedeutung des Bodenlebens

Die Bedeutung des Bodenlebens für den Organismus des Komposthaufens wird an der ungeheuren Zahl der Individuen besonders deutlich. Schätzungsweise leben in einem einzigen Kubikzentimeter Kompost 300 Milliarden Mikroorganismen.

Untersuchungen des Schweizers Dr. A. Stöckli	
1 g Boden	200 bis 500 000 000 Bakterien bis zu 13 000 000 Strahlenpilze bis zu 1 000 000 Pilze bis zu 200 000 Algen bis zu 2 000 000 Geißel-, Räder- und Bärtierchen

Flächenbezogen fand man auf	
1 m^2 Bodenfläche	bis zu 100 000 Milben bis zu 40 000 Springschwänze bis zu 220 Regenwürmer

Regenwürmer fressen keine lebenden Pflanzenteile unserer Kulturen.

Die Regenwurm-Losungen mit den stabilen Ton-Humuskomplexen sind für Krümelbildung und Lebendverbauung des Bodens bedeutsam.

Wichtig: Tätige Böden reichlich mit organischer Substanz versorgen und das Bodenleben regelmäßig füttern.

Mit am wichtigsten von den Bodentieren sind die Regenwürmer im Kompost, die erst in der Abkühlungsphase der Rotte erscheinen und sich dann unter günstigen Bedingungen schnell vermehren. Regenwurmarten verzehren abgestorbene, meist schon etwas angerottete Pflanzenreste, zusammen mit großen Mengen mineralischer Bodenteilchen, die gemeinsam im Darm mit Verdauungsfermenten vermischt werden. Stickstoff liefern abgestoßene Darmzellen und absterbende Bakterien. Die innige Vermengung organischer und mineralischer Masse führt zur Bildung stabiler Ton-Humus-Komplexe in der Losung der Würmer. Der Kompostwurm Eisenia foetida sondert zusätzlich gelben Schleim ab, der auch zur Krümelbildung und Lebendverbauung von Bodenteilchen beiträgt.
Unvorstellbar groß ist die Zahl und Vielgestaltigkeit der Lebewesen im Kompost und tätigen Boden. Sie fressen und verarbeiten organische Substanzen, werden selbst gefressen und dienen mit ihrem Tod der Erneuerung.

Herstellung von Schnellkomposten

Im Labor soll es gelungen sein, Schnellkompost innerhalb von 48 Stunden herzustellen. Wenn wir von Schnellkompost sprechen, ist eine Rottezeit von mindestens sechs bis acht Wochen gemeint. Bei dem Verfah-

Voraussetzungen und Hilfsmittel für die Schnellkompostierung

ren der Schnellkompostierung ist Voraussetzung, daß das Ausgangsmaterial aus Haus und Garten in möglichst vielseitiger Zusammensetzung und gründlich vorzerkleinert den Mikroorganismen zur Nahrung angeboten wird. Ferner sind Luft- und Wasserhaushalt sowie das C/N-Verhältnis zu steuern.
Schnellkomposte lassen sich am besten in der warmen Jahreszeit und im Garten mit Hilfe bewährter Kompostbehälter (siehe Übersicht Seite 139 ff.) gewinnen. Mittel zur Kompostbeschleunigung (siehe Übersicht Seite 143 ff.) leiten umgehend die intensive Rotte ein und aktivieren die Rottevorgänge. In der Heißgärphase des Schnellkompostes, bei Temperaturen bis 70 °C, können Unkrautsamen und Krankheitskeime reduziert werden. Fehlt Feuchtigkeit, kann sich im Innern der Miete das Kompostmaterial weißgrau wie Asche verfärben. Mehrmaliges Umsetzen und eventuelles Anfeuchten fördern die günstigen Abbauprozesse.
Schnellkompost, auf diese Weise hergestellt, ist dunkelbraun, krümelig und riecht nach frischer Walderde. Teilweise sind die Strukturen des Ausgangsmaterials noch erkennbar. Hochwertige Nährhumussubstanzen begründen den beachtlichen Düngewert der Schnellkomposte. Entwicklung und Bildung von stabileren Humusformen durch Regenwürmer und andere Bodenorganismen erfolgen nach der Anwendung vor Ort.

Kennzeichen guter Schnellkomposte ist ihr hoher Düngewert.

Spezialschnellkomposte

Spezialschnellkomposte werden aus Stroh, Mist und Torf nach folgenden Rezepturen hergestellt:
Strohschnellkompost: Angefeuchtetes Getreidestroh wird 30 cm hoch in mehreren Schichten aufgesetzt. Dazwischen kommen Lagen aus Kompost und etwas Kalk. Die Miete bedeckt man mit Erde und befeuchtet sie durchdringend mit stickstoffhaltigen Jauchen, zum Beispiel Brennesseljauche oder Gülle. Stroh-Grünkompost entsteht aus drei Teilen Stroh und einem Teil Grünmasse von Unkräutern beziehungsweise Zwischenfrüchten.
Mistschnellkompost: Am besten eignen sich Rinder- und Pferdemist. Schweine- und Geflügelmist können in Teilmengen dem Kompost zugesetzt werden. Das Aufsetzen erfolgt in 20–30 cm dicken Schichten mit Zwi-

schenlagen von Komposterde; Zusätze von Ton- oder Gesteinsmehlen fördern die Kompostqualität. Besonders bei Verwendung von strohigem Mist ist auf genügend Feuchtigkeit zu achten. Nach zwei Monaten muß man den Mistkompost umsetzen.
Torfschnellkompost: Ein Ballen Torf wird auseinandergebreitet und gründlich angefeuchtet. 10 kg Steinmehl und mehrere Schaufeln Komposterde sowie 20 kg organischen Dünger, als Horn-, Blut- oder Knochenmehl beziehungsweise als Mist, mischt man unter, schichtet auf und deckt mit Grünabfällen oder Heu ab. Nach drei Wochen muß umgesetzt werden, und in zwei bis drei Monaten ist dieser Spezialhumusdünger, zum Beispiel für Moorbeetpflanzen, anwendungsfertig.
Durch Zumischungen von Gründüngungspflanzenmasse oder Unkräutern erhalten wir Torf-Grünschnellkomposte mit noch besseren Eigenschaften.

Kompostierung auf dem Balkon

In den USA wurde die Eimerkompostierung entwickelt, um ein Verwerten von organischen Haushaltsabfällen auf dem Balkon oder selbst im Wohnbereich durchzuführen.

Eimerkompostierung ohne Geruchsbelästigung zum Experimentieren

In 20-Liter-Eimern mit dicht schließenden Deckeln wird das gut zerkleinerte Material, zum Beispiel Gemüse- und Obstreste, Eierschalen, Kaffeesatz und Teeblätter - allerdings ohne Knochen, Fleisch und Fischrückstände - gemischt, notfalls mit Wasser angefeuchtet und in 2-3 cm dicken Schichten eingebracht, die jeweils mit Erde bedeckt werden. Häufiges Umrühren bringt Sauerstoff in die Masse und fördert den Abbau. Ist ein Komposteimer zu zwei Dritteln gefüllt, kann mit dem zweiten Gefäß begonnen werden. In mehreren Wochen sollte die Humusbildung so weit fortgeschritten sein, daß die Struktur des Ausgangsmaterials nicht mehr erkennbar ist. Aus Ihrem Küchenabfall wurde krümelige, fruchtbare Erde. Richtig angewandt soll dieses Verfahren in der Wohnung keine Geruchsbelästigungen bringen.

Wurmhumus selbst erzeugen

Wurmhumus wird als vorzüglichstes Bodenverbesserungsmittel angeboten.

Wurmhumus aus eigener Zucht mit der „Berliner Wurmkiste"

Diese teuerste Humusform können wir selbst mit eigener Regenwurmzucht erzeugen. Am besten hat sich dazu in der Praxis die „Berliner Wurmkiste" bewährt. Aus einer 12 mm starken Spanplatte wird der Zuchtbehälter mit den Grundmaßen 90 x 60 cm und einer Höhe von 30 cm hergestellt. In die Grundplatte müssen wir mindestens 15 Löcher mit einem Durchmesser von 6-7 mm für den Wasserabzug bohren. Die Wurmkiste steht am besten auf kleinen Füßen in einer Auffangschale, und die auslaufende Brühe läßt sich zur Düngung von Topf- und Balkonpflanzen nutzen.
Gefüllt wird die Wurmkiste zunächst mit einer 2-3 cm starken, sandigen Erdschicht. Es folgen zwei Drittel des Kistenraumes mit eingeweichtem Zeitungspapier und Pappe. Zwischen das zerknüllte Papier werden die Haus- und Küchenabfälle gelegt und dann mindestens 500 Kompostwürmer (Eisenia foetida) eingesetzt (Bezugsquellen für Regenwürmer siehe Seite 145).

Kompostwürmer sind Allesfresser und verzehren täglich etwa die Hälfte ihres Körpergewichtes.

Bekanntlich sind Kompostwürmer Allesfresser. Neben den allgemeinen Küchenresten können wir auch Fett und Fleisch verfüttern. Zweckmäßig wird auf das Wurmfutter eine mehrblättrige, feuchte Zeitung gelegt und darüber eine dunkle, schwach gelochte Folie gespannt. Die Regenwürmer fressen im allgemeinen täglich die Hälfte ihres Körpergewichtes (500 Würmer wiegen etwa 200 g). Die Exkremente der Würmer ergeben den dunklen, nährstoffreichen, krümelstabilen Wurmhumus.
Im Garten können wir auch größere Wurmzuchten und Kompostkästen nach ähnlichem Schema anlegen und die Regenwürmer selbst vermehren.
Im Handel werden auch sogenannte Wurmkomposter in Regentonnengröße angeboten, zum Aufstellen im Garten, in der Garage, im Keller oder auf dem Balkon. Geruchfreie Rotte wird zum Beispiel beim HERWI-Wurmkomposter zugesichert. Komposter-Gehäuse und mitgelieferte Siebe zur Erdaufbereitung bestehen aus Recycling-Kunststoff.

Zusatzstoffe zur Förderung der Rotte

Hilfsstoffe zum Starten, Beschleunigen und Lenken der Rotte im Komposthaufen sind auf verschiedener Mittelbasis hergestellt. Als wirksame Inhaltsstoffe - einzeln oder in Mischung verarbeitet - gelten:
1. Stickstoff, Kalk, Spurenelemente und Tonminerale,
2. Kräuterbestandteile oder -auszüge,
3. Bodenorganismen und Bakterien-Nährböden.

Daneben gibt es Zusatzstoffe für die Kompostierung in den verschiedenen Richtungen des alternativen Gartenbaues (siehe Seite 143 ff.).

Hilfsstoffe zur Kompostbereitung werden uneinheitlich bewertet.

Kritiker der Zusatzmittel weisen darauf hin, daß mit den Ausgangsstoffen genügend Mikroorganismen in die Miete gelangen. Es muß lediglich gelingen, deren Lebensbedingungen optimal zu gestalten. Wer die Grundregeln der Kompostierung mißachtet, zum Beispiel Zerkleinern, Mischen, Luft- und Wasserhaushalt, kann dies durch aufwendige Zutaten kaum korrigieren.

Auch Zusätze von reifem Kompost werden zur Rottebildung empfohlen.

Hilfsmittel haben sich besonders für Schnell- und Spezialkomposte bewährt.

Die Befürworter können sich dagegen meist auf erwiesene günstige Erfahrungen berufen, insbesondere bei der Herstellung von Schnell- und Spezialkomposten, und wenn das Ausgangsmaterial abwechslungslos und nicht vielfältig zur Verfügung steht. Es sind deshalb nicht nur Anfänger, die sich gerne der Kompostierungshilfsmittel bedienen, sondern auch Spezialisten, sobald sie die Notwendigkeit erkannt haben und die spezifische Wirkung der Zuschlagsstoffe konsequent nutzen wollen. Ist nämlich das C/N-Verhätnis zu weit, kommen stickstoffhaltige Mittel in Betracht und Präparate mit stickstoffbindenden Organismen nach der Abkühlungsphase des Rotteprozesses. Präparate auf Kräuterbasis fördern die Kompostqualität durch verstärkte Lebenstätigkeit in der Miete, vor allem durch besseren Regenwurmbesatz - allein, besser noch im Zusammenwirken mit Gesteinsmehl.

Gesteinsmehl fördert die Wirkung der Hilfsmittel.

In der Übersicht Seite 143 ff. sind die bekanntesten Kompostierungshilfsmittel zusammengestellt.

Die Rolle des Kalkstickstoffes für die Kompostierung

Seit Jahrzehnten wird Kalkstickstoff zur Kompostierung im Garten erprobt. Durch den chemischen Umbau von Kalkstickstoff im Boden können (in der Cyanid-Phase) keimende Unkrautsamen und alle Kleinlebewesen dezimiert werden. Neben diesem desinfizierenden Effekt wurde in den letzten Jahren eindeutig eine beachtliche Förderung zellulosezersetzender Organismen nachgewiesen. Damit ist die vorzügliche Eignung von Kalkstickstoff zur Strohkompostierung wissenschaftlich begründet.

Übliche Kalkstickstoffzusätze: 150 g je m^2 für jede 20 cm starke Kompostschicht

Im alternativen Gartenbau findet der synthetisch hergestellte Kalkstickstoff keine Anwendung; stattdessen können hier stickstoffhaltige organische Dünger, zum Beispiel Hornmehl oder Blutmehl, ersatzweise gewählt werden.

Kalkgaben als Kompostzusatz

Kalkgaben als Kompostzusatz sind besonders dann sinnvoll, wenn überwiegend sauer reagierende Materialien zu verarbeiten sind, also zum Beispiel Laubarten, Nadelstreu, Rindenabfälle, Kaffeesatz und Trester. Wenn wir Rinde allein kompostieren, ist ein Kalkzusatz von 10 kg je m^3 erforderlich.

Kalkgaben fördern die Abbauaktivität.

Kompostspezialisten fügen Kalk nicht zu Beginn, sondern erst bei späteren Umsetzungen der Miete hinzu. Abgeraten wird von Branntkalk wegen seiner schnellen Wirkung und damit verbundenen möglichen Stickstoffverluste. Besser sind kohlensaure Kalke oder - wie immer mehr üblich - der Einsatz von Algenkalken, zum Beispiel „Algomin".

Tonminerale als Kompostzusatz

Tonminerale, am bekanntesten ist das Tonmehl Bentonit, begünstigen im heranreifenden Kompost die Bildung von Ton-Humus-Komplexen mit Hilfe der Bodenlebewesen. Tonminerale von Bentonit und Montmorillonit sind stark quellfähig. Sie können deshalb im Boden Nährstoffe aufnehmen sowie anlagern und pflanzenverfügbar halten.

Tonminerale müssen sorgfältig gestreut werden; Mengenempfehlung: 10 kg je m^3 Kompost.

Tonminerale dürfen zum Nachteil der Bodentiere nicht klumpenhaft ausgebracht werden. Manchmal wird deshalb vor dem Ausbringen ein Vermischen mit Sand, Blutmehl oder Hornmehl empfohlen. Tonminerale können wir in Mengen von 10 kg je m^3 Kompost über die einzelnen Kompostschichten fein verteilen.

Gesteinsmehle als Kompostzusatz

Beim Kauf von Urgesteinsmehlen auf die Analysenwerte der Inhaltsstoffe achten.

Gesteinsmehle, auch als Urgesteinsmehle im Handel bezeichnet, werden bei der Steinverarbeitung in Schotterwerken gewonnen. Ihre chemische Zusammensetzung ist je nach Ausgangsgestein recht verschieden. Bei größerem Bedarf sollten die Analysenwerte des Materials kaufentscheidend sein. Vom Hessischen Landesamt für Ernährung, Landwirtschaft und Landentwicklung wurden zehn handelsübliche Gesteinsmehle untersucht und folgende Mittelwerte gefunden:

Nährstoffe in %			
basisch wirksame Stoffe	Magnesium MgO	Kalium K_2O	Phosphorsäure P_2O_5
10,6	5,2 (3, 4-6, 6)	0,5 (0,02 - 1,6)	0,18 (0,1 - 0,2)

Spurenelemente in mg/kg				
Kupfer Cu	Zink Zn	Nickel Ni	Chrom Cr	Quecksilber Hg
57,4	169,6	176,8	157,4	0,03

Die Blei- und Cadmiumwerte lagen unter 0,1 mg/kg Gesteinsmehl.

Die Hauptnährstoff-Gehalte sind gering und allenfalls bei Magnesium von Bedeutung. Für die Versorgung mit Spurenelementen können Gesteinsmehle wertvolle Dienste leisten, ohne die unerwünschten Schwermetalle: Blei, Cadmium und Quecksilber im Kompost stärker anzureichern.

Steinmehle wirken ebenfalls krümelstabilisierend und geruchsbindend.

Die Wirkung der Gesteinsmehle im Kompost ist ähnlich wie die der Tonminerale. Während des Kompostierungsvorganges gelöst und von den Bodenlebewesen aufbereitet, liegen sie als fertiges Produkt zu einem beachtlichen Teil pflanzenverfügbar vor. Ton- und Gesteinsmehle können unsere Komposte nachweislich qualitativ verbessern.

Die Mengenempfehlungen für die Zugabe von Gesteinsmehl reichen von 5-9 kg je m^3 Kompost.

Mit Knochen-, Blut- und Hornmehl lassen sich die Komposte in ihrer biologischen Wirksamkeit und Düngerwirkung verstärken.

Sonderformen der Kompostierung

Mit dem wachsenden Interesse für die umweltfreundliche Verrottung von organischen Materialien ist die Szene der Kompostierung in Bewegung gekommen. Immer aufs neue wird nach praktikablen, besseren oder ergänzenden Möglichkeiten gesucht. Einige Sonderformen sollen nachfolgend dargestellt werden.

Wandermiete

Wandermiete

Kompost-Wandermieten mit niedrigem Kostenaufwand

Dazu ist eine mindestens 1 m dicke Miete breitseitig anzulegen. Sie wird durch mitwandernde, mit gelochten Backsteinen aufgesetzte Mäuerchen begrenzt. Nach etwa dreimonatiger Rotte an der vorderen Breitseite kann man mit dem Abstechen des ersten Kompostgutes beginnen. Fortlaufend werden auf der Hinterfront weitere Abfälle angeschüttet; zusammen mit den Siebrückständen beginnt hier der neue Rotteprozeß.

Rottegrube

In Rottegruben wird in unserem Klimagebiet vorwiegend während der Sommermonate kompostiert. Etwa 40 cm tief erfolgt dafür der Erdaushub, mit dem regelmäßig vor allem die Küchenabfälle zu bedecken sind, damit weder Ungeziefer angelockt wird noch Geruchsbelästigungen entstehen.

Sonderformen der Kompostierung; oben: Kompostgrube, Mitte: Kompostgraben, unten: Kompostlochverfahren

Tafel 1
Gemulchtes Hügelbeet mit Mischkultur (siehe Seite 79 f.), im Hintergrund bepflanztes Hochbeet

Die notwendige Rottefeuchtigkeit läßt sich in Gruben gleichmäßiger halten als in aufgesetzten Mieten. Allerdings kann es bei anhaltender Nässe zu Wasserstau und unerwünschter Fäulnis kommen.
Kompostgruben werden bevorzugt für Gasthöfe mit vielen Küchenabfällen und in warmen Ländern angelegt.

Kompostgraben

Kompostgräben, zirka 30 cm tief und 50 cm breit, gefüllt mit Abfällen und bedeckt mit Erde, werden dort angelegt, wo im kommenden Jahr beispielsweise Hecken, Sträucher oder andere Dauerkulturen angepflanzt werden sollen.

Kompostlochverfahren

Das Kompostlochverfahren wurde bevorzugt für schwere Böden entwickelt. In etwa 30 cm tiefe Löcher mit 15-20 cm Durchmesser, die eventuell mit einem Tiefgrabegerät ausgehoben werden, ist das Rohkompostmaterial einzufüllen und mit Erde zu bedecken.
Die Kompostlöcher lassen sich auch entlang beziehungsweise zwischen den Reihen stehender Kulturen verteilen.

Kompost aus Hügel-, Hoch- und Bankbeeten

Hügel-, Hoch- und Bankbeete, mit ihren Vorteilen höherer Flächenerträge, Anbau- und Ernteverfrühung sowie Erleichterung der Pflegearbeiten, eignen sich auch zur Gewinnung von Komposterde. Die Unterscheidung der verschiedenen Verfahren wird in Abbildung Seite 51 erklärt. In allen Fällen wird organisches Material aus Garten, Haus und Hof geschichtet aufgesetzt, mit Zwischenlagen aus Erde, Laub, Sägemehl und anderem.
Bei der Anlage dieser Beete ist unbedingt darauf zu achten, daß das Rohmaterial genügend Feuchtigkeit besitzt, damit die Rottevorgänge zügig beginnen. Zwischen die gröberen Ausgangsstoffe rieselt zwar gewollt Erde beim Aufsetzen, trotzdem reichen die Luftzwischenräume für günstige Rotteabläufe aus. Die erzielbare Bodenerwärmung ermöglicht im Frühjahr zeitige Aussaaten und früheren Erntebeginn.

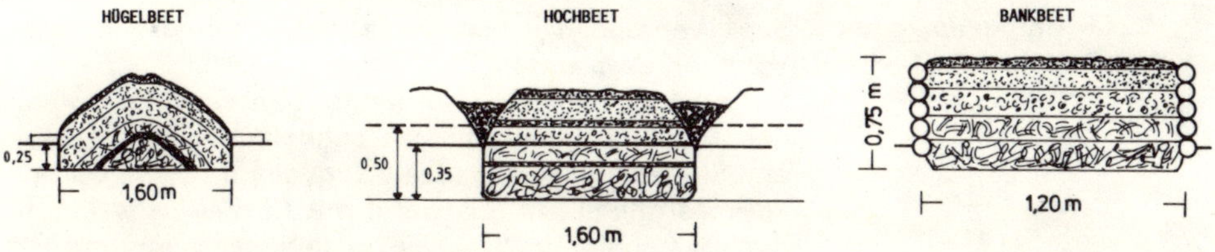

Kompost aus Hügel-, Hoch- und Bankbeeten; Schichtenfolge von oben nach unten: reifer Kompost, Mutterboden, Kompostabfälle und Grobkompost, Gestrüpp und Stengel, Äste und Zweige (mit Zwischenlagen aus Laub und Erde)

Die Pflanzenwurzeln durchdringen die Schichtenbeete; mit dem Gießwasser wird Stickstoff in die Verrottungszonen verfrachtet; senkrecht geführte Regenwurmgänge dienen der Luftzufuhr. So ist es zu erklären, daß die organischen Materialien in den Hochbeeten nicht verfaulen oder vertorfen. Nach drei bis vier Jahren ist der Abbau stark vorangeschritten. Krümelige Komposterde ist entstanden.

In zünftigen Hügelgärten werden jährlich erneut Beete für die Verwertung der Rohmaterialien benötigt. Deshalb sind im jeweiligen Zyklus die Flächen für neue Aufsetzungen zu räumen.

Komposterde aus Hügelbeeten dient der Bodenverbesserung und als Substrat für Gefäßkulturen und die Jungpflanzenanzucht.

Kompost von Astholz

Häufig bereitet das bei der Gehölzpflege anfallende Schnittholz im Obst- und Ziergarten Probleme der Entsorgung. Richtig zerkleinert und aufbereitet ergeben solche Holzabfälle ausgezeichnete Komposte, die der Struktur des Torfes ähneln, den wir ersetzen wollen.

Holzkomposte als Torfersatz

Für die Kompostierung von gehäckseltem Astholz wurden am Institut für Bodenkunde in Weihenstephan praktikable Verfahren entwickelt. Vorteilhaft ist, wenn zum Zerkleinern des Holzmaterials Schredder mit Hammerwerkzeugen eingesetzt werden, weil diese das Häckselgut zertrümmern, reißen und aufschlitzen und dadurch den Mikroorganismen größere Angriffsflächen zum Abbau bieten.

Die „Weihenstephaner Holz-Kompostierungsmethode“

Nach der Weihenstephaner Methode wird je m^3 Häckselgut 2 kg Harnstoff beigefügt, in 1,50 m breiten und 1,00 m hohe Mieten aufgesetzt und intensiv angefeuchtet. Das Bedecken mit schwarzen Folien verhindert oberflächliches Austrocknen der Mieten und fördert die schnelle Rotte. Spätestens nach zwei Monaten sind die Haufen umzusetzen. Nach einem halben Jahr kann das Material als Bodenverbesserungsmittel Anwendung fin-

Tafel 2
Gesunde, reichblühende Rabatten erreicht man durch richtige Ernährung und Bodenpflege.

Holzkompost hat mindestens eine sechsmonatige Rottezeit.

den. Während des Rottevorganges verringert sich das Volumen etwa um 20%.
Holzhäcksel ist wegen der langsamen Verrottung weniger für die Zubereitung von Schnellkomposten geeignet. Sie gelten aber als ideale Zugabe für unsere Gartenkompostmieten, in Mischung mit überwiegend krautigen Bestandteilen, weil sie in lockerer Lagerung die Durchlüftung während des Rotteprozesses begünstigen.

Rasensodenkompost

Mit Rasensoden und Mist zu wertvollem Kompost

Rasensodenkompost kann hergestellt werden, wenn bei Rasen- oder Wiesenumbruch größere Mengen Soden anfallen. Diese werden schichtweise mit Rindermist zu 80-100 cm hohen Mieten aufgesetzt und zusammen verrottet. Nach ein- bis zweimaligem Umsetzen ist dieser Kompost nach frühestens einem Jahr fertig.

Kompost von Teichaushub

Auch aus Teichaushub kann Kompost hergestellt werden.

Teichschlamm und Grabenaushub werden erst entwässert und dann mit Grassoden, Stroh, Schilf oder Gartenabfällen aufgebaut. Die Schichtdicke des Aushubs beträgt 20-25 cm, dazwischen legt man das sperrige Material und streut jedesmal Gartenerde oder Kompost darauf. Zuweilen wird empfohlen, Kalkzusätze auf die Schichten zu geben.

Laubkompost

Laub stets zumischen und nicht gesondert kompostieren.

Laub, wenn möglich von verschiedenen Baumarten, wird mit Grünabfällen gemischt, in 10-15 cm dicken Lagen aufgesetzt, dazwischen Kompost, tierische Dünger (beispielsweise Hornmehl und Ton- beziehungsweise Steinmehl) gegeben und die Miete mit Erde abgedeckt. Im folgenden Frühjahr ist der Haufen umzusetzen, im Sommer kann man das Material zur Bodenverbesserung - auch für Moorbeetpflanzen - verwenden.

Gemeinschaftlich kompostieren

Die Herstellung von Kompost aus Haus- und Gartenabfällen in Gemeinschaften hat mehrere Vorteile. Im allgemeinen wird mit mehr erworbenen Fachkenntnissen in größeren Mengen qualitativ einwandfreier Kompost gewonnen und beim notwendigen Einsatz von leistungsstarken Aufbereitungsmaschinen und Kompostierungseinrichtungen kostengünstiger produziert. Am bekanntesten sind:

1. Schreddergemeinschaften,
2. Kompost-Interessengruppen und
3. Verwertung von Grünabfällen der Gemeinden für die Bürger.

Kostengünstiger in Gemeinschaft kompostieren.

Schreddergemeinschaften

Schreddergemeinschaften lassen sich am besten über Obst- und Gartenbauvereine, örtliche Kleingartenkolonien oder Grabelandgemeinschaften organisieren. Anschaffungs- und Aufbereitungskosten werden vom Verein oder den beteiligten Gruppen getragen - oder durch Abgaben, je nach Kompostmenge. Dadurch entfällt die Anschaffung von Geräten für Einzelgärten.

Schredderlärm wird zeitlich und räumlich begrenzt.

Schreddergemeinschaften geben in der Regel frisches Schreddergut zurück, das bevorzugt zum Mulchen, für die Bodenbedeckung der Gartenwege oder als Zuschlagsmaterial für eigene Haufenkompostierung Verwendung findet. Die Gemeinschaft kann aber auch selbst kompostieren und Jungkompost wie Reifkompost an die Mitglieder zurückgeben. Wenn Schreddergemeinschaften, von der Gemeinde unterstützt, auf den Müllplätzen arbeiten dürfen, kann auch in größeren Mengen anfallendes Rohmaterial von Nichtmitgliedern gehäckselt und verwertet werden.

Rücknahme von frischem Schreddergut, Jung- oder Reifkompost

Kompost-Interessengruppen

Schweizer Modell: „Kompostieren im Quartier"

Kompost-Interessengruppen - auch unter der Bezeichnung „Kompostieren im Quartier" bekannt - wurden zuerst mit bestem Erfolg in der Schweiz ins Leben gerufen. Es sind Freiwilligengruppen, die in Städten, abgegrenzt für überschaubare Wohnviertel (Quartiere), Haus- und Küchenabfälle sammeln, im Quartier selbst auch ordnungsgemäß kompostieren und den fertigen Kompost an Gartenfreunde verteilen.

Die Initiativen werden von den Stadtverwaltungen unterstützt, die ihrerseits das passende Gelände für die Aufbereitung sowie Sammelgitter oder Container zur Verfügung stellen; alles übrige ist Sache der Kompost-Interessengruppen. In Aufrufen suchen sie Gleichgesinnte und bilden ein Netz von freiwilligen Helfern, die sich als Gegengewicht zu unserer Wegwerfgesellschaft verstanden wissen wollen. Die mitwirkenden Haushalte beschaffen oder erhalten Sammelgefäße mit dicht schließenden Deckeln, in denen mehrere Tage ohne Verbreitung von Gerüchen Küchenabfälle aufbewahrt werden können.

Sammeln in Gefäßen mit dicht schließenden Deckeln

Die im Wohnviertel aufgestellten Sammelgitter oder Container werden täglich von freiwilligen Helfern turnusmäßig betreut und die anfallenden Massen eventuell mit Gesteinsmehl zur Geruchsbindung bestreut. Auch die Kompostierung übernimmt die „Interessengemeinschaft Kompost" (IK), wobei im allgemeinen je Helfer nicht mehr als drei bis vier Stunden pro Monat aufgewendet werden müssen.

Für 100 Haushalte sind 20-25 m² Kompostierungsfläche erforderlich.

Als Ergebnis mehrjähriger Tätigkeit der IK-Gruppen ließ sich folgendes feststellen: Die Trenndisziplin beim Sammeln der Haushaltsrückstände war befriedigend. Vereinzelte Fremdstoffe, zum Beispiel Plastik, Aluminium oder Glas, die unbeabbsichtigt in das Sammelgut gelangten, fielen nicht ins Gewicht. Die Betreuung durch freiwillige Helfer war intensiv und funktionierte ordentlich. Die Qualität des überprüften Kompostgutes wurde als frisch bezeichnet, ohne bedenkliche Anreicherungen von Schadstoffen. Alles in allem können diese dezentralen Kleinkompostierungsanlagen, betreut von freiwilligen Interessengruppen, als vorbildliche Bürgerinitiativen zur Nachahmung empfohlen werden.

Es wurde keine bedenkliche Anreicherung von Schadstoffen festgestellt.

Kompostierung durch die Gemeinden

Vorbildliches Beispiel der hessischen Kleinstadt Hofheim am Taunus

Durch intensive Beratung animiert das städtische Gartenamt von Hofheim alle Gartenbesitzer zur Eigenkompostierung. Wenn aus Platzmangel oder anderen Gründen verrottbares Material nicht selbst zu verwerten ist, bietet die Gemeinde ganzjährig Kompostierungshilfe an. Unterschieden werden dabei Hol- und Bringdienste. Für den Holdienst stellen die Bürger Holz und Reisig gebündelt und loses Material in Jutesäcken gesammelt bereit. Zweimal im Monat erfolgt in der Regel die Abholung. Zur Organisation des Bringdienstes stehen in drei

System mit Hol- und Bringdienst

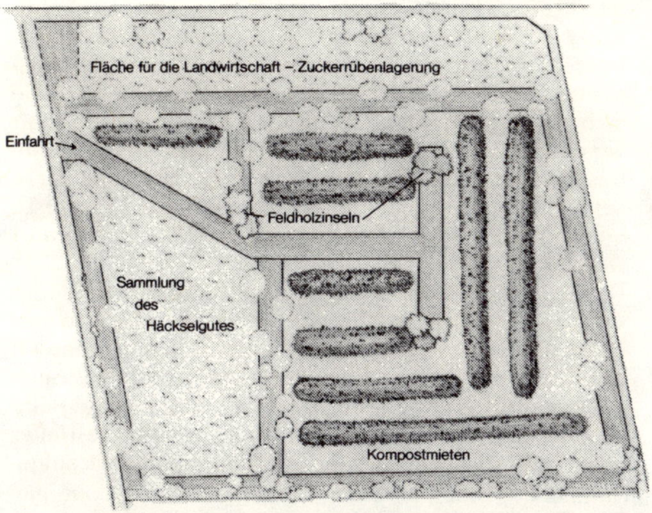

Vorbildliche Sammel- und Kompostierungsanlage für Gartenabfälle der Gemeinde Hofheim am Taunus

Gärtnereien und im Bauhof Sammelcontainer, die wöchentlich meist zweimal entleert werden müssen.
Auf dem geschickt angelegten Sammelplatz, eingegrünt und locker bepflanzt mit Feldgehölzen, wird das Rohmaterial gehäckselt und ordnungsgemäß in Mieten kompostiert. Der gewonnene Kompost überzeugt durch Aussehen und walderdeähnlichen Geruch. Er ist mit Anwendungsempfehlungen als unbedenklicher Bodendünger für Gärten und Balkonkästen von den Bürgern zu erwerben. In ihren neuen Lehranlagen zeigt die Stadt beispielhaft in Kräuter- und Bauerngärten die richtige Anwendung des Kompostes zur Bodenverbesserung und naturgemäßen Düngung. Viele Interessenten und Besuchergruppen haben zwischenzeitlich die vorbildlichen Aktivitäten des Hofheimer Magistrats und der Bürgerschaft kennenlernen können.

In neuen Lehranlagen wird die beispielhafte Kompostverwendung demonstriert.

Kompostmiete als Energiestapel

Der bekannte Biotekt Rudolf Doernach sieht allein in der konsequenten Nutzung von biologischen Energien einen Ausweg für die künftige Energiewirtschaft, weil diese umweltfreundlichen Quellen nicht versiegen, solange die Sonne scheint und Pflanzen wachsen. Er emp-

Erst mit steigenden Energiepreisen begann die intensivere Suche nach Ersatzenergien.

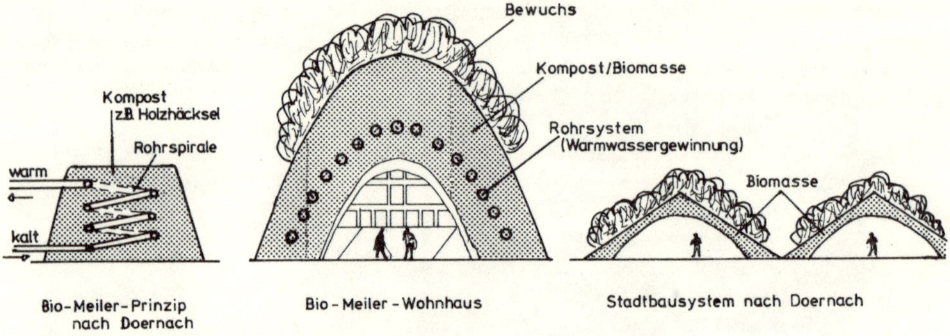

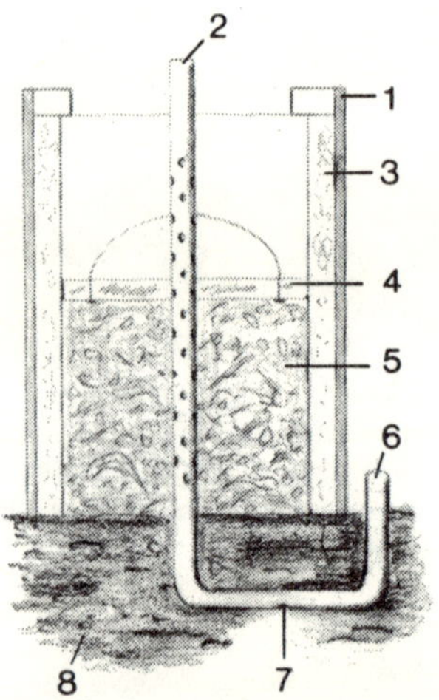

Selbstgebauter Bio-Brüter für ein Kleingewächshaus (nach Prof. W. Zimmermann); 1 Kantenschutz, 2 inneres Belüftungsrohr, 3 Styroporplatten, 4 Deckel, 5 Kompostierungsmaterial, 6 Luftansaugstutzen, 7 Drainageloch, 8 Erde

fiehlt, die Abwärme großtechnischer und dezentraler Kleinkompostierung mit sogenannten Biomeilern zu verwerten. Selbst Wohnhäuser, bedeckt mit Kompostmasse und Bewuchs, oder ganze Stadtanlagen, wie ein Hügelbeet gebaut, könnten von der Rottewärme alternativ ihren Energiebedarf weitgehend decken. Wie man solche Überlegungen in die Praxis übertragen kann, ist durch gezielte Versuche und Forschung noch zu erarbeiten.

Den möglichen Einsatz der Kompostierung von Haus- und Gartenabfällen zur Erwärmung von Kleingewächshäusern hat Prof. Zimmermann experimentell ermittelt (W. Zimmermann: Bio-Brüter zur Heizung von Kleingewächshäusern, Zeitschrift Garten organisch 4/79). Er stellte einen aus Styroporplatten selbst gebastelten Komposter im Kleingewächshaus auf und nutzte nicht nur die selbst im Winter bis 50 °C angestiegene Rottetemperatur seines „Bio-Brüters", sondern auch das freiwerdende Kohlendioxyd für das Pflanzenwachstum. Für den Wärmetransport können mit kostengünstigen und leicht zu verlegenden Kunststoffrohren Wasser oder Luft als Trägermedium gewählt werden. Verwenden wir, wie meist üblich, dünne wassergefüllte Kunststoffrohre, wird spiralförmiges Verlegen in der Miete empfohlen.

Kompost für alternative Gärten

Beim Vergleich der Kompostbereitungen und -anwendungen im alternativen Garten zeigte sich, daß eine große Übereinstimmung bei den verschiedenen Anbaurichtungen besteht. Kompost - in irgendeiner Form - hat in jedem Falle eine Schlüsselstellung.

Der biologisch-dynamische Kompost

Für biologisch-dynamische Gärten werden dem Kompost verschiedene Präparate zugesetzt, „damit er für kosmische Einflüsse zugänglich wird".

Bei der Anlage von Kompostmieten ist zunächst in Mietenbreite durch seitliches Wegräumen des Bodens eine zirka 15 cm starke Vertiefung erforderlich. Beim Aufsetzen des Haufens wird mit einer Lage Stroh begonnen, es folgt eine flache Sand- oder Lehmschicht, und in etwa 10 cm Stärke jeweils die vielfältige, zerkleinerte Kompostrohmasse mit 3 cm kräftigen Zwischenlagen aus Erde oder Kompost. Die Höhe der Miete liegt zwischen 1,00 m und 2,50 m. Der Kompost ist nach acht bis zwölf Monaten gebrauchsfertig. Als Zusatz wird Kalk, am besten Algenkalk, empfohlen, der schleier- bis papierdünn auf jede Lage gestreut wird.

Fehlt tierisches Ausgangsmaterial, sollte über jede Zwischenschicht reichlich Knochen-, Blut- oder Hornmehl gestreut werden. Schließlich ist die Kompostmiete mit Erde abzudecken. In eine längsseitige, flache Rille wird dem Haufen regelmäßig Regenwasser oder Jauche zugegeben. Die Spezialbehandlung des fertigen Komposthaufens erfolgt nach Anleitung mit den Präparaten 502 bis 507, die aus Schafgarbe, Kamille, Brennesseln, Eichenrinde, Löwenzahn und Baldrian hergestellt werden. Ergänzend wird auf Spezialkomposte aus Leguminosen, Gras oder Tomatenkraut hingewiesen.

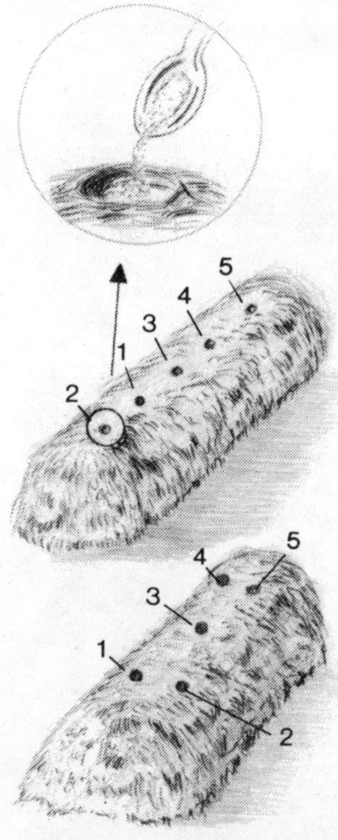

Die zwei Möglichkeiten, wie die biologisch-dynamischen Präparate 502-507 in den Kompost eingebracht werden; 1 Löwenzahn, 2 Schafgarbe, 3 Brennessel, 4 Eichenrinde, 5 Kamille

Der organisch-biologische Kompost

Im organisch-biologischen Gartenbau steht das Mulchen in der Bewertung vor der Haufenkompostierung. Charakteristisch sind hier flache, nur 0,50 m hohe Aufschüttungen zerkleinerter pflanzlicher und tierischer Materialien mit Zusätzen von Gesteinsmehl. Nach genügender Anfeuchtung wird die Miete durch Abdeckung - allerdings genügend luftdurchlässig - geschützt.

Frühestens nach sechs Wochen kann abgesiebt und der Schnellkompost verwendet werden. Gröbere Rückstände dienen als Mulchmasse zur Bodenbedeckung.

Mulchen dominiert vor der Haufenkompostierung im organisch-biologischen Landbau.

Mazdaznan-Kompost

Der Kompost für den Mazdaznan-Garten muß drei Jahre reifen.

Der makrobiotische Kompost

Kompost für den makrobiotischen Garten wird in 1,50 m hohen Mieten hergestellt, die ausreichend drainiert sind, um Verwässerungen vorzubeugen und genügend Luftzufuhr zu garantieren.
Auf die Drainrohre des Mietenbodens kommt eine Schicht Stroh oder Heu. Darüber folgen wiederholte Lagen von pflanzlichen Reststoffen, jeweils 10-20 cm stark, mit Streugaben von Magnesiakalk oder Kalkmergel, darauf 3 cm dicke Erd- oder Kompostschichten und dann locker geschichtetes Stroh. Schließlich wird der Haufen 5 cm stark mit Erde und einer 10-20 cm dicken Schicht aus Stroh oder Fasern geschützt. Während des Haufenaufbaues sind die senkrecht stehenden Drainrohre im Abstand von 2,00 m einzusetzen. Nach drei Monaten kann die Miete umgesetzt werden.
Aus abgemähter Gründüngungsmasse mit Zusatz eines Bakterienpräparates (siehe Seite 146) entsteht Makrobioten-Schnellkompost.

Der Mazdaznan-Kompost

Der Mazdaznan-Kompost wird aus einem Gemisch von pflanzlichen und tierischen Reststoffen gewonnen. Eine kräftige Schicht Geäst oder Heckenschnittgut wirkt als Drainunterlage. Darauf folgt etwa 20 cm hoch das Kompostierungsmaterial, vermischt mit Wildkräutern, wie zum Beispiel Löwenzahn, Baldrian, Kamille und Schafgarbe, die auch als Aufguß zugefügt werden können.
Ist tierischer Dung verfügbar, bildet er die nächste Zwischenlage, sonst wird ersatzweise Knochen- oder Hornmehl zugefügt. Eine dünne Schicht Schwefel soll die Erde desinfizieren. Bevor im Wechsel zum Beispiel halbverrottetes Stroh und weiteres Kompostgut nachfolgen, wird etwa 20 cm stark alte Komposterde aufgetragen und Dolomitkalk übergestreut. Nach jeder Mehrfachlage ist Kaliumpermanganat zu streuen, etwa 50 g je 100 m² Kompostfläche. Wenn die Mindesthaufenhöhe von 1,00 m erreicht ist, soll mit einer Erdschicht ummantelt und die Miete mit Gras, Heu, Stroh oder Jutesäcken geschützt werden.
Nach mehreren Monaten muß man umsetzen und den Kompost danach drei Jahre reifen lassen.

Der veganistische Kompost

Im veganistischen Gartenbau dürfen zur Kompostbereitung keinerlei tierische Reststoffe Verwendung finden. Unkraut, Stroh und frisch geschnittene Kräuter gelten als wichtigste Kompostbestandteile.
Die 1,50 m hohe Miete, geimpft mit den Zusätzen und abgedeckt mit Erde und einer Strohschicht, ist zusätzlich noch mit einer Folie oder Sackleinen zu schützen. Nach sechs bis acht Wochen ist der veganistische Schnellkompost anwendungsreif.

Empfohlene Zusätze für den veganistischen Kompost sind Gesteinsmehl, Ruß, Seetangextrakt, Kalk und ein spezieller Kompostaktivator.

Kompost nach dem Lemaire-Boucher-Verfahren

Nach dem Verfahren Lemaire-Boucher, weit verbreitet in Frankreich, wird etwa vier Wochen altem Schnellkompost die größte Bedeutung zugemessen. Bei der Kompostbereitung dürfen die Rohstoffe nur mit Korallenalgenkalk ergänzt werden.

Nur Korallenkalk ist nach dem Verfahren Lemaire-Boucher als Zusatz gestattet.

Kompost nach dem Howard-Balfour-System

Beim Howard-Balfour-System, das ursprünglich von Sir Albert Howard, dem Begründer des Indore-Kompostierungsverfahrens, entwickelt wurde, ist das gesamte in Haus und Garten anfallende Restmaterial zu verwerten. Das häufiger zitierte Indore-Verfahren ist eine Kompostierung in Gruben. Mit dieser Methode konnte im Ursprungsland Indien unter den dortigen klimatischen Verhältnissen die rottende Masse vor dem Austrocknen wirksam geschützt werden.

Beim Howard-Balfour-System sind Korallenkalk, Phosphatmehl und Kalimagnesia zur Nährstoffanreicherung erlaubt.

Kompost nach dem Jean-Pain-Verfahren

Beim Kompostierungsverfahren Jean Pain, das vor wenigen Jahren in ganz Europa Aufsehen erregte, wird vielfältiges Gestrüppmaterial, das zum Beispiel bei Räu-

Kompostverfahren nach Jean Pain; vielfältiges, gut angefeuchtetes Gestrüppmaterial (links) wird zu 1 m hohen Mieten aufgeschichtet und mit Steingewichten beschwert (Mitte). Der Haufen ist vor starker Sonneneinstrahlung mit Erd- und Reisigabdeckungen zu schützen (rechts). Nach drei Monaten kann man den Kompost verwenden.

mungsarbeiten in der Landschaft (auch Unterholz von Wäldern) anfällt, verwertet.

Die frisch geschnittene Pflanzenmasse, durchdringend angefeuchtet, in Mieten bis 1,00 m Höhe aufgeschichtet und mit Steingewichten beschwert, muß zunächst drei bis vier Wochen verrotten. Dann folgt die eigentliche Kompostierung in Haufen, die vor starker Sonneneinstrahlung mit Erd- und Reisigabdeckungen zu schützen sind. Nach drei Monaten ist dieser Kompost verwendbar.

Geschickte Kombination von Haufenrotte und Mulchen beim Kompostierungsverfahren Jean Pain

Als Besonderheit gilt dabei, daß solcher Jungkompost als Mulch, in Schichtstärken von zirka 7 cm, für gärtnerische Sä- und Pflanzkulturen beste Anbauerfolge brachte.

Problematik der Schadstoffbelastung von Komposten

Insbesondere Schwermetalle, zum Beispiel Blei, Cadmium, Quecksilber und Zink, können Böden und Kompost belasten.

Tatsache ist, daß Gartenböden in Industrie- und Siedlungsballungszentren sowie in der Nähe stark befahrener Verkehrsstraßen zunehmend mit Schadstoffen belastet sein können. Nach mehrjährigen hessischen Untersuchungen standen die gefundenen Schwermetallbelastungen der Böden in enger Beziehung zu erhöhten Werten in den Komposten derselben Gärten.

Über den Stoffkreislauf Nahrungspflanzen - Abfälle - Kompost - Boden kommt es bei gleichzeitig fortwährender Umwelteinwirkung zu kontinuierlichen, unerwünschten Anreicherungen. Liegen Gärten und Kompostanlagen in Risikozonen, können wir Böden und Erden - im Einzelfalle auch die Nahrungspflanzen - auf Schadstoffgehalte bei den zuständigen Institutionen gegen Entgelt untersuchen lassen (siehe Seite 137 ff.).

Untersuchungen werden in Risikozonen empfohlen.

Auf einheitliche Probenahme achten!

Damit die Analyseergebnisse allgemein gültige Bewertungen ermöglichen, sollte die Probenahme nach einheitlichen Richtlinien erfolgen. Für Schwermetalluntersuchungen von Komposterden ist bei der Probenahme folgendes zu berücksichtigen: Der fertige Kompost wird vorgemischt, gesiebt (günstige Sieblochung 2-4 cm) und zumindest von groben Teilen gesäubert. Etwa 10 Liter dieses Kompostmaterials soll man dann in einem Kunststoffeimer gründlich durchmischen. Davon füllt man eine Mischprobe von 500 g in einen unbenutzten Kunststoffbeutel. Der Versandpackung ist das Probe-

Keine Probe ohne Probenahmeprotokoll

nahmeprotokoll so beizulegen, daß es nicht aufweichen kann. Der Probenahmebeutel ist mit einem wasserfesten Stift zu kennzeichnen. Das Probenahmeprotokoll sollte Angaben über den Standort der Kompostierungsanlage (Nähe von Straßen, Industrie) enthalten und über Alter des Gartens und des Kompostes sowie über die hauptsächlich kompostierten Materialien und Zusätze Auskunft geben. Eine Risikobewertung der Kompostanalysen kann in Hessen durch das Hessische Landesamt für Ernährung, Landwirtschaft und Landentwicklung, Dezernatsgruppe Garten- und Weinbau, Güterplatz 6, 6000 Frankfurt 1 kostenlos erfolgen. Die Beurteilung beinhaltet für den Interessenten die Angabe, in welchem Zeitraum bei normaler Mengenanwendung durch belastete Komposte die Grenzwerte, zum Beispiel von Schwermetallen im Boden nach der Klärschlammaufbringungsverordnung, erreicht werden. Sicherlich wird künftig auch eine Bewertung von anderen unerwünschten Schadstoffen, zum Beispiel von den chlorierten Kohlenwasserstoffen, möglich sein.

Mit welchen Maßnahmen kann man Schwermetallanreicherungen seiner Komposte entgegenwirken?

Vorsorgemaßnahmen gegen Schadstoffanreicherungen

1. Man muß sorgfältig darauf achten, daß keine schadstoffbelasteten Stoffe, zum Beispiel Farbreste und größere Mengen von Asche oder Ruß, mitkompostiert werden.
2. Es sollten keine Müllkomposte, Klärschlämme oder Müllklärschlammprodukte verwendet werden.
3. Wichtig ist, daß unbedenkliche organische Materialien nicht mit belasteten Stoffen längere Zeit zusammen gelagert, sondern die Abfälle bei ihrer Entstehung sofort getrennt gesammelt werden.
4. Kehricht von stark befahrenen Straßen ist wegen Asphalt- und Reifenabrieb ungeeignet.
5. Laub von Straßenbäumen und Mähgut von Straßenrändern sollten besser nicht verwendet werden.
6. Die Kompostierung sollte möglichst nicht in Straßennähe beziehungsweise mit einem Mindestabstand von 30 m erfolgen.
7. Bedecken mit Folien schützt vor Schadstoffeintrag über die Luft.
8. Gründliches Waschen der Gartenerzeugnisse vor dem Putzen und Schälen kann die Schadstoffe der Küchenabfälle verringern.

9. Kompostierungsmaterialien von außerhalb, zum Beispiel Abfälle von Industrie- und Gewerbebetrieben (Lederreste, Pelzreste), sollten nur dann mitverarbeitet werden, wenn sie tatsächlich schadstoffunbedenklich sind.

Kriterien für die Kompostqualität

Kompost verändert sich ständig während der Rottezeit in seinem physikalischen, chemischen und biologischen Zustand. Abhängig vom Rottegrad sind folgende Bezeichnungen üblich:

Rohkompost
Rohkompost ist organisches Ausgangsmaterial für die Kompostierung.

Frischkompost
Frischkompost ist in Rotte befindlicher Kompost mit hohem Nährhumusanteil; geeignet zum Mulchen (auch Mulchkompost) und zum Flächenkompostieren.

Reif- oder Fertigkompost
Reif- oder Fertigkompost ist in fortgeschrittener Rotte befindlicher Kompost und vielseitig einsetzbar.

Komposterde
Bei der Komposterde ist die Rotte weitgehend abgeschlossen. Die Struktur des Ausgangsmaterials ist nicht mehr erkennbar.

Schnellkompost
Schnellkomposte sind aus gesteuerter Mietenkompostierung. Sie werden im allgemeinen mit Kompostierungshilfsmitteln innerhalb von drei bis sechs Monaten hergestellt und sind besonders zum Mulchen geeignet.

Spezialkompost
Spezialkomposte sind für spezielle Zwecke weiterbehandelte beziehungsweise aus bestimmten Rohstoffen (Laub, Rinde, Torf, Grünmaterialien) hergestellte Komposte.

Verstärkter Kompost
Verstärkte Komposte sind durch Zusätze, zum Beispiel organische oder mineralische Handelsdünger, ergänzt.

Analog zu den Qualitätskriterien für Müllkomposte sind die Anforderungen für Gartenkompost zu nennen:

Hygiene
Komposte müssen den Vorschriften der Seuchenhygiene entsprechen. Wenn keine Fäkalien verwendet wurden und die Kompostierung ordnungsgemäß erfolgt ist, sind Krankheitserreger für Menschen, Tiere und Pflanzen unschädlich gemacht worden und die Gartenkomposte unbedenklich für die üblichen Anwendungen.

Reifegrad
Für die Feststellung, ob Kompost zur Pflanzenzucht reif genug und geeignet ist, kann ein einfacher Kressetest Auskunft geben. Ausgesät wird die Kresse in eine flache Schale, die mit dem Prüfsubstrat gefüllt ist. Nach weni-

gen Tagen muß bei Zimmertemperatur ein gleichmäßiger Bestand mit grüner, satter Farbe und typischem Geschmack herangewachsen sein, wenn die Komposterde reif und einwandfrei ist.

Organische Substanz

Die Komposte müssen mindestens 35% organische Masse in der Trockensubstanz enthalten; darunter nennt man sie Komposterde oder humusreiche Erde.

Wassergehalt

Der Wassergehalt sollte nicht über 50% liegen. Bei niedrigeren Gehalten ist der Kompost besser streufähig.

Salzgehalt

Der Gehalt an leicht löslichen, meist chloridischen und sulfatischen Salzen liegt im allgemeinen um 1-2% der Trockenmasse. Zu hohe Salzgehalte, vor allem von Jungkomposten, können die Pflanzenentwicklung beeinträchtigen.

Nährstoffgehalt und pH-Wert

Nährstoffgehalte und pH-Werte kennzeichnen den Düngewert der Komposte. Sie betragen im Mittel in Prozent von der Trockensubstanz: 1,1 Stickstoff, 0,9 Phosphorsäure, 0,6 Kalium, 0,7 Magnesium und 4,9 Kalk.
Stickstoff kann mit Farbstäbchen und der pH-Wert mit einfachen Geräten auch selbst bestimmt werden. Der pH-Wert soll beim Kompost zwischen 6,5 und 7,2 liegen.

Schwermetallgehalt

Schwermetallgehalte, zum Beispiel von Blei, Cadmium, Quecksilber und Zink, sollten möglichst niedrig liegen, damit durch Kompostdüngung keine Anreicherung in den Gartenböden erfolgt (siehe Seite 60 ff.).

Schwer abbaubare organische Schadstoffe

Schwer abbaubare organische Schadstoffe, zum Beispiel chloride Kohlenwasserstoffe, sind kritisch zu bewerten, weil auch hiermit die Kulturböden langfristig nachhaltig belastet werden können.
Kompost soll ein Bodenverbesserungsmittel sein und nicht auf lange Sicht zur Schadstoffbelastung beitragen. In Zweifelsfällen wird eine Untersuchung auf Qualität und Inhaltsstoffe von anerkannten Laboratorien empfohlen (siehe Seite 137 ff.).

Vielseitige Verwendung der Gartenkomposte

Können wir unsere Gärten mit eigenem Kompost versorgen?

Zur Selbstversorgung unseres Gartens benötigen wir jährlich 1,5-2 m^3 Kompost je 100 m^2 Fläche; das entspricht in der Verteilung einer Schichtstärke von 1,5-2 cm. Richtig angewandt können wir damit die Bodenstruktur eines fruchtbaren Bodens erhalten und die

Nährstoffansprüche der Kulturen weitgehend decken. Mit der Verwendung von Kompost kann aber auch im Nutz- und Ziergarten auf Torf, dessen natürliche Vorkommen endlich sind und der Moorabbau aus Gründen des Landschaftsschutzes begrenzt werden muß, nahezu ganz verzichtet werden.

Heute kommen mehr Frisch-, Schnell- und Spezialkomposte zur Anwendung. Deshalb ist mehr Wissen und Können erforderlich.

Die Fortschritte der Kompostwirtschaft sind daran zu erkennen, daß im Gegensatz zu früher statt mehrjähriger, unproblematischer Reifkomposte und Komposterden, immer mehr Frisch-, Schnell- und Spezialkomposte zur Anwendung kommen. Wir müssen deshalb beim Einsatz zwischen diesen beiden Gruppen bewußt unterscheiden.

Frischkompost

Frischkomposte, meist schon nach drei bis sechs Monaten verfügbar, enthalten reichlich Nährhumus, wirken also rascher düngend und - da sie in der Rotte unfertig sind - aktivieren das Bodenleben. Was also in der Miete begonnen wurde, setzt sich bei richtiger Anwendung auf den Beeten fort.

Frischkompost ist beim Ausbringen wie Frischmist zu behandeln.

Geschätzt werden bei Frisch- und Schnellkomposten neben der Düngewirkung der Gehalt an Wuchsstoffen und die Bildung von bodenbürtigem Kohlendioxyd.

Vorsicht bei jungen empfindlichen Pflanzen – Frischkompost kann sie schädigen.

Junger Kompost wird vor der Anwendung gesiebt, grobe Holzteile werden weiterverkompostiert. Der Frischkompost darf nur flach in den Boden eingearbeitet werden. Am besten ist, wenn wir ihn mit einer dünnen Schicht angewelktem Rasenschnitt, Heu, Häckselgut oder Erde bedecken. Jedenfalls darf er auf dem Beet nicht austrocknen, wenn wir seine volle Wirksamkeit nutzen wollen.

Die richtige Ausbringungszeit ist während der Vegetation.

Die Hauptanwendungsgebiete des Frischkompostes sind die Dauerkulturen des Gemüsebaues. Obstbäume, und Beerensträucher sowie Ziergehölze. Frischkompost sollten wir vor allem während der Vegetationszeit in Schichtdicken von 2-3 cm, wegen eventueller Nährstoffverluste jedoch nicht im Spätherbst und Winter ausbringen.

Frischkompost lockt schädliche Gemüsefliegen an.

Ergänzend sei darauf hingewiesen, daß Frischkomposte, wie Frischmist auch, sofern diese untergegraben wurden, bei Wurzelgemüse, Zwiebeln und Kohl die gefürchteten Gemüsefliegen verstärkt anlocken können.

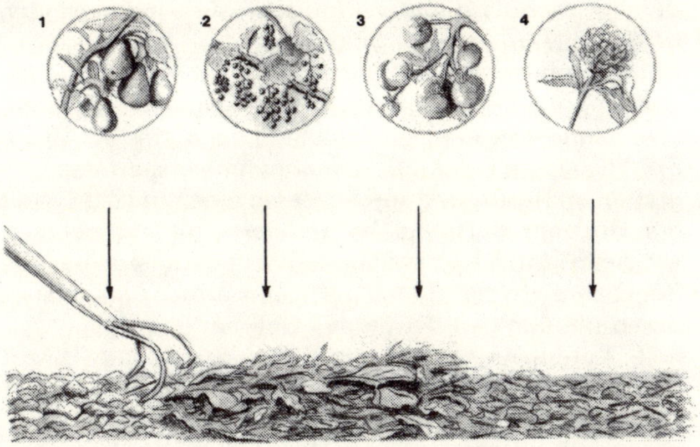

Hauptverwendungsgebiete für Frischkompost;
1 Obstbäume,
2 Beerensträucher,
3 Gemüse-Dauerkulturen,
4 Ziergehölze

Vorteilhaft werden der Rottevorgang und die Qualität der Humusbildung durch zusätzliches Überstreuen mit Gesteinsmehl bis 200 g/m^2 beeinflußt.

Reifkompost

Reifkompost = wichtigster Bodenverbesserer mit langsamer Nährstofffreisetzung

Je älter Reifkompost ist, desto inniger sind die Nährstoffe in die wertvollen Humusverbindungen eingebaut. Sie gelten als unsere besten Bodenverbesserer mit langsamer Nährstoffreisetzung. Vor allem für kritische, schwere Böden ist Reifkompost mit stabilen Humusformen und fortgeschrittener Krümelstruktur vorzuziehen. Er darf zu jeder Jahreszeit - außer bei gefrorenem Bo-

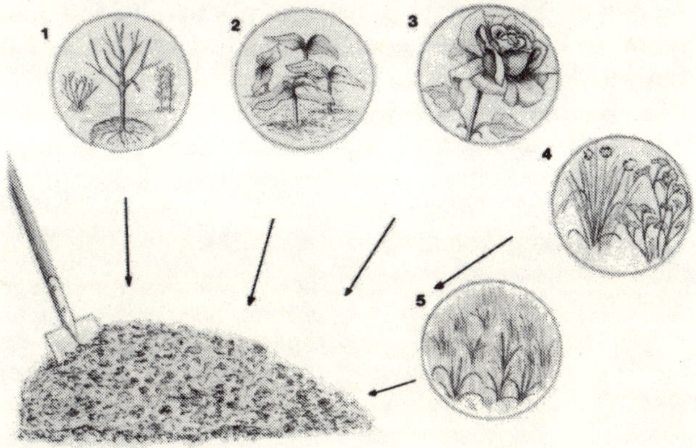

Hauptverwendungsgebiete von Reifkompost;
1 als Zuschlagsstoff beim Pflanzen von Bäumen, Sträuchern und Stauden,
2 Gemüse-Neuanlagen und später zur Reihendüngung,
3 alle Zierpflanzen mit Ausnahme von Heide- und Moorpflanzen,
4 Kräuter,
5 Rasen

den – Anwendung finden. Vor dem Ausbringen werden grobe Teile abgesiebt.

Wird Kompost im Spätherbst oder Winter als Bodenbedeckung über die Gartenfläche verteilt, sollten wir anschließend eine kräftige Schicht Mulchmasse bis 10 cm Stärke darüberlegen. Diese Maßnahme erspart das Umgraben im Herbst und sorgt für eine rege Wintertätigkeit der Bodenorganismen. Im zeitigen Frühjahr nehmen wir die Restmulchmasse auf den neuen Komposthaufen. So kann sich der Boden zeitig erwärmen, begünstigt durch die dunklere Farbe des Oberbodens.

Zugabe von Reifkompost in Pflanzgruben

Reife Komposte sind unsere besten Zuschlagstoffe zur Bodenverbesserung beim Pflanzen von Bäumen, Sträuchern und Stauden. Nicht gerne verzichten wir auf solche hochwertigen Hilfsmittel zur Bodenvorbereitung von **Gemüse-Neuanlagen** und später zur Reihendüngung. Ideal ist die Anwendung von Reifkompost bei **Zierpflanzen** jeder Art, abgesehen von Heide- und Moorbeetkulturen. Durch die sparsame Stickstoffreigabe wird die Blütenentwicklung nicht auf Kosten der Triebbildung geschmälert. Im **Kräutergarten** dient er der Bodenverbesserung, Pflanzenernährung und -gesundheit, ohne die wertvollen Inhaltstoffe der Heil- und Würzpflanzen zu beeinträchtigen. Zur **Rasendüngung** wird breitflächiges Ausstreuen von Reifkompost in dünner Schicht ab dem zeitigen Frühjahr empfohlen.

Strittig ist die Empfehlung, ob Reifkompost zum Aktivieren neuer Mieten sinnvoll ist, weil nach heutigen Erkenntnissen Gartenerde die gleiche Wirkung erzielen kann.

Reifkompost brauchen wir zur Herstellung von Erdmischungen.

Mit reifem Kompost, abgesiebt, gemischt mit Sand oder Lehm, in Einzelfällen auch Torf, stellen wir unsere Erden für die Anzucht von Jungpflanzen, für Balkonkä-

Tafel 3
Oben links: Kompostplatz mit Jauchefaß (links), käuflichem Komposter und Kompostsilo; oben rechts: Gartenhäcksler (siehe Seite 31 ff.); unten: Sommerblumen lohnen gute Bodenpflege mit reicher Blüte.

Bio

sten und zum Umtopfen der Kübel- und Zimmerpflanzen her.

Flüssige Kopfdüngung

Kompostwasser oder Komposttee

Ergänzend sei auf die Verwendung von Kompostwasser, auch Komposttee genannt, hingewiesen. Für diese flüssige Kompostdüngung wird eine Schaufel abgesiebten Kompostes in einen Eimer Wasser gegeben und intensiv durchgerührt. Mit solchem Kompostwasser können wir für nahezu alle Kulturen notwendige Kopfdüngungsmaßnahmen durchführen. Kompostwasser wird auch bevorzugt für den vielseitigen Anbau in Kleingewächshäusern gewählt.

Tafel 4
Oben: zwei Kompostmieten mit Jauchefaß; unten links: käuflicher Thermokomposter; unten rechts: Kompostsäcke (siehe Seite 18)

Das Mulchen

Das Bedecken freier Bodenflächen, um die Krume vor Austrocknen, Verschlämmen und Erosion zu bewahren, wird als Mulchen bezeichnet. Wer in seinem Garten Mulchverfahren anwendet und die Böden, zum Beispiel zwischen Sträuchern, Stauden und Gemüsereihen, bedeckt, ist bestrebt, die Natur nachzuahmen. Laub und Nadelstreu oder abgestorbenes Pflanzenmaterial bilden nämlich eine schützende Bodendecke in unseren Wäldern und Auen. Dieser Bodenpelz gewährleistet zudem gleichmäßige Bodenfeuchtigkeit, aber auch ausgeglichene Temperaturen und damit günstige Voraussetzungen für das Bodenleben. Dadurch wird der stetige Nahrungsnachschub für die am Kreislauf beteiligten Bodenlebewesen ermöglicht.

Naturgemäßes Gärtnern mit Mulchen

Wird die Rotte der organischen Materialien mit allen Zwischenstadien auf den Acker oder das Gartenbeet verlegt, kommen die Zwischenprodukte dieses Abbauprozesses, wie zum Beispiel Kohlendioxyd sowie Wirk- und Hemmstoffe, der Bodenaktivität sowie dem Wachstum und der Gesundheit der Kulturpflanzen zugute.

Die Rotte wird durch das Mulchen aufs Beet verlegt.

Vorteile des Mulchens

Im einzelnen können folgende Vorteile des Mulchverfahrens aufgezeigt werden:

Bodenschutz

Dabei spielen vor allem die physikalischen Wirkungen der Mulchverfahren eine Rolle. Bodenabdeckungen schützen den „nackten" Boden vor extremen Witterungseinflüssen, zum Beispiel starken Winden, die nicht nur schädigendes Austrocknen, Rißbildung und Verkrusten, sondern auch Verluste durch Erdabtrag (Winderosion) verursachen. Schutz geben sie außerdem vor übermäßiger Sonneneinstrahlung und somit vor zu heftiger Erhitzung der Bodenoberfläche sowie vor Verschlämmen und Wegspülen infolge mächtiger Niederschläge. Es ist naheliegend, daß in Hanglagen diese Schutzeffekte besonders deutlich erkennbar werden.

„Nackter" Boden wird möglichst ganzjährig durch eine Mulchdecke geschützt.

Bodenaktivität

Verstärkte Tätigkeit des gesamten Bodenlebens durch Mulchen

Ausgeglichenes Bodenklima, nämlich gleichmäßigere Bodenfeuchtigkeit und günstigere -temperaturen sowie reichliche Nahrungszufuhr durch organische Substanzen nach Mulchanwendungen bedingen verstärkte Tätigkeiten des gesamten Bodenlebens. Gemulchter Boden zeigte im Versuch nicht nur eine ausgeglichenere Temperaturkurve im Tagesverlauf, sondern auch weniger Frosttage und geringere Frosttiefen gegenüber Vergleichsflächen. In der Jahresbilanz bedeutet dies einen beachtlich längeren Aktivitätszeitraum für alle Bodenlebewesen und damit verbesserte Umsetzungsvorgänge zur Begünstigung der Bodengare.

Geringere Frosttiefen und weniger Frosttage

Nährdecke

Nährdecke fördert die Bodengare.

Mulchschichten mit organischen Materialien sind eine Nährdecke, nicht nur für Regenwürmer, sondern auch für alle Bodenlebewesen, die mithelfen, die Bodengare zu verbessern.

Wassersparender Effekt

Bedeutsam ist der wassersparende Effekt des Mulchens, insbesondere in Gebieten beziehungsweise Zeiten von Wasserknappheit.

Unkrautverringerung und Entsorgung von Restmaterialien

Die Verringerung des Unkrautwuchses bedeutet eine beachtliche Arbeitseinsparung. Werden Haus- und Gartenabfälle beispielsweise vorverrottet zum Mulchen eingesetzt, bringt diese Flächenkompostierung zudem die Entsorgung dieser Restmaterialien.

Die drei Mulchverfahren

Unter Mulchen werden drei Gruppen (siehe Bild Seite 74) von Verfahren des Bodenschutzes verstanden, die in der Übersicht dargestellt und nachfolgend beschrieben sind. Es sind Bodenbedeckung mit Folien und Vliesen,

Mulchverfahren

	Bodenbedeckung	Mulchen	Flächenkompostierung
Wirkung der Maßnahme	Bodenschutz Unkrautwirkung total keine Nährdecke keine Humusanreicherung Einfluß auf Bodengare vorhanden wassersparend höhere Bodentemperaturen	Bodenschutz Unkrautminderung Nährdecke Humusanreicherung Verbesserung der Bodengare wassersparend Entsorgung von Gartenabfällen	Bodenschutz geringer Unkrautminderung geringer zeitweilig reichliche organische Bodennahrung Humusanreicherung Verbesserung der Bodengare geringer wassersparend Entsorgung von organischen Haus- und Gartenabfällen
Materialeinsatz	schwarze Mulchfolie Mulch-Vliesstoffe Pappe Papier	Ernterückstände und Unkräuter Gründüngungsmulch Rasenschnitt Schreddermaterial Rindenmulch Laub, Stroh, Heu Stallmist, Sägemehl Rohkompost	zerkleinerte Ernterückstände vorverrottete Haus- und Gartenabfälle
Anwendungsbereich	Gemüse: zum Beispiel Gurken, Zucchini, Kürbis, Paprika, Zuckermais Obst: Erdbeeren, Strauchbeerenobst, Junganlagen von Baumobst	Gemüse: alle Gemüse Obstbau: Strauch- und Baumobst Ziergarten: Strauch- und Gehölzpflanzungen, Stauden	Gemüsebau: für nahezu alle Gemüsearten; Einschränkungen bei Wurzelgemüse, zum Beispiel bei Schwarzwurzeln
Bemerkungen	Boden darf nicht trocken mit Folie bedeckt werden	Boden vorher aufrauhen schwere Böden dünner bedecken als leichtere Sommermulch 2 cm, öfters wiederholen Wintermulch 5-8 cm Zusätze von Gesteinsmehl und Kompostbeschleuniger möglich	flach unterarbeiten, im Garten mit Vierzahn

Die drei Mulchverfahren; links: Bodenbedeckung mit Folie, Mitte: Mulchen mit organischen Materialien, rechts: Flächenkompostierung

Mulchmethoden auf die Kultur- und Bodenansprüche abstimmen.

Mulchen mit organischen Materialien und Flächenkompostierung. Dabei sei auch auf fließende Übergänge in den Anwendungen und Wirkungen hingewiesen. Jeder Anbauer hat die Möglichkeit, unter Berücksichtigung der eigenen Boden- und Klimavoraussetzungen die geeignete Mulchmethode auszuwählen.

Bodenbedeckung mit Folien und Vliesen

Bedeckung mit lichtundurchlässigen Materialien

Am bekanntesten ist die Bodenbedeckung gärtnerischer Kulturen mit schwarzen, lichtundurchlässigen, inzwischen auch genadelten Mulchfolien. Neuerdings werden auch schwarze Vliesstoffe erprobt. Eingefärbte Pappe und Papier dagegen haben sich in der Praxis noch weniger bewährt. Die Auswirkungen sind:

Einfluß auf das Bodenklima

Durch die Mulchfolienanwendung werden Bodentemperatur, -aktivität, Wasserhaushalt, Mineralisierung der Nährstoffvorräte und Pflanzenschutz günstig beeinflußt, dagegen Nährstoffauswaschung sowie Unkrautwuchs weitgehend verhindert.

Forschungsergebnisse bestätigen die Praxis.

An der Universität München-Weihenstephan wurden durch Folienmulch eindeutig höhere Bodentemperaturen nachgewiesen. Gegenüber unbedeckten Flächen lagen die Durchschnittswerte bei schwarzer Folie um 2 °C, bei transparenter Folie sogar um 4,6 °C höher. Lichtdurchlässige Folien sind allerdings nachteilig, weil der Unkrautwuchs stark angeregt und in der Folge nicht gebremst werden kann. Im Tagesverlauf bringt das Abdecken mit schwarzen Mulchfolien, beispielsweise im Frühjahr, nur wenig Temperaturvorteile durch Einstrahlung. Bedeutsam sind dagegen Abschirmung und Schutz des Wärmespeichers Boden vor nächtlicher Abstrahlung.

Lichtdurchlässige Folien sind deshalb nachteilig, weil der Unkrautwuchs stark angeregt wird.

Günstigere und gleichmäßige Bodentemperaturen bedeuten bessere und weniger gestörte Entwicklung des Bodenlebens und Wurzelwachstums unserer Kulturpflanzen. Schon kurze Zeit nach der Folienbedeckung ist die höhere Bodenaktivität meßbar. Aktive Bodentätigkeit heißt aber auch verstärkte Mineralisierung und bessere Verfügbarkeit der Pflanzennährstoffe. Wir können die Düngermengen deshalb reduzieren, nicht zuletzt auch, weil andererseits die Nährstoffauswaschung in folienbedeckten Kulturen geringer ist.

Durch aktivere Bodentätigkeit und geringere Nährstoffauswaschung ist weniger Düngung nötig.

Wie ist der wassersparende Effekt des Folienmulchens zu erklären?

Das in den feinen Bodenkapillaren aufsteigende Wasser verdunstet nicht an der Oberfläche, es kondensiert an der Folie und bleibt pflanzenverfügbar. Bringen wir im Frühjahr rechtzeitig die Mulchfolien auf die Kulturflächen, ist die Winterfeuchtigkeit längerfristig nutzbar.

Mulchfolien, rechtzeitig im Frühjahr aufgebracht, helfen die Winterfeuchtigkeit länger zu nutzen.

Bemerkenswert ist der Oberflächenschutz unserer Böden durch Folienbedeckungen vor Windabtrag und - als Folge stärkerer Niederschläge - vor Verschlämmen und Nährstoffverlusten sowie Verkrustungen mit Rißbildungen.

Höhere Erträge und bessere Qualitäten

Gurken, Zucchini, Kürbisse, Paprika, Auberginen und Zuckermais zeigten in unseren Versuchen bis zu 30% höhere Erträge, besonders in Jahren mit extremen Witterungsverhältnissen. Auch die Fruchtqualitäten ließen sich verbessern. Dies trifft vor allem für Erdbeeren zu, die in Folienkulturen weniger besandet sind und sich auch leichter ernten lassen.

Warum sind Ertragsleistung und Qualität zu steigern?

Schwarze Mulchfolien, in Bahnen oder zugeschnitten für Baumscheibenabdeckungen, fördern das Anwachsen von Bäumen und Sträuchern bei Neuanlagen. Ähn-

Gehölze wachsen nach dem Pflanzen mit Folienmulchscheiben sicherer an.

liches gilt für Ziersträucher und Stauden. Nach dreijährigen Untersuchungen der Landesanstalt für Gartenbau in Veitshöchheim/Würzburg war die Ausfallquote bei Gehölzen und Stauden um 50% geringer infolge Mulchens mit Folien, und die Wuchsleistung lag um 17% höher.

Geringerer Krankheitsbefall

Tomaten bleiben gesünder und zeigen besseren Fruchtansatz.

Schwarze Mulchfolien zur Bedeckung des Bodens in Kleingewächshäusern bewirken stärker eingeschränkte Verdunstung und niedrigere Luftfeuchtigkeit des Raumklimas. Dadurch treten weniger pilzliche Krankheiten auf.

Foliengemulchte Erdbeeren zeigten vor allem in naßkalten Jahren geringeren Pilzbefall. Speziell zur Schädlingsabwehr wurden zwischenzeitlich Mulchfolien mit reflektierenden Streifen oder Aluminiumbeschichtung entwickelt. Im Gegensatz zum Mulchen mit organischen Materialien ist beim Folienverfahren die Mäuseplage unbedeutend.

Die Mäuseplage wird geringer bis unbedeutend.

Wesentlich ist die unkrauthemmende Wirkung lichtundurchlässiger Folien. Dies gilt für alle Fälle, in denen eine chemische Unkrautbekämpfung nicht erlaubt oder erwünscht ist.

Praktische Anwendung

Schwarze Mulchfolien sind mit unterschiedlichen Rollenlängen und Breiten von 0,75, 1,00, 1,25 und 1,50 m im Handel.

Die übliche Folienstärke dieser rußeingefärbten Folien beträgt 0,04 mm.

Die etwas teureren geschlitzten und schwieriger erhältlichen schwarzen Mulchfolien bringen keine nennenswerten Vorteile. Bei stark unkrautbelasteten Standorten ist ein unerwünschtes Durchwachsen nicht zu vermeiden. Die neuen, fein genadelten Mulchfolien müssen erst noch auf ihre Vorzüge (Wasserdurchlässigkeit) erprobt werden. Gemeinschaftsbezug, zum Beispiel über Gartenbauvereine, ermöglicht auch bei kleinerem Bedarf eine preisgünstige Beschaffung.

Die erforderliche - bis zu einem Drittel niedrigere - Düngung ist bereits schon bei der Bodenvorbereitung zu berücksichtigen. Wenn möglich bringen wir die Mulchfolien so frühzeitig nach dem Winter aus, daß der Boden einige Zeit vor Kulturbeginn „garen" kann. Zum Säen oder Pflanzen lochen wir die Folien durch Kreuzschnitte in den üblichen Abständen. Bei vorsichtigem Einholen nach der Ernte ist eine Wiederverwendung der Mulchfolien im Folgejahr möglich.

Merke: Mulchfolien niemals auf trockenen, sondern immer auf angefeuchteten Boden ausbringen.

Mulchfolien sind mehrmals verwendbar.

Mulchen mit organischen Materialien

Für unsere Gärten ist das Mulchen mit organischen Materialien eine ideale Methode, die Böden langfristig gesund, lebendig, fruchtbar und auch ertragssicher zu machen. Vorreiter für gärtnerisches Mulchen ist der Nutzgarten, aber auch Staudenbeete und Ziergehölzanpflanzungen lassen sich mit Erfolg mulchen.

Merke: Durch Mulchen werden die Gartenböden langfristig fruchtbarer.

Material und Anwendungsmöglichkeiten

Für die Mulchdecke verwenden wir zerkleinerte Ernterückstände und Gründüngungspflanzen, samenlose Unkräuter, Wiesenschnitt, Heu, Stroh, Laub, Stallmist oder Rindenhumus. Auch Sägemehl oder Sägemehl-Pferdemisteinstreu eignen sich hervorragend. Besonders gern wird geschreddertes organisches Gartenmaterial, vielfältig zusammengesetzt, zum Mulchen genutzt. Mit diesem Roh- oder Mulchkompost, regional auch als Mulch bezeichnet, lassen sich beachtenswerte Effekte erzielen, ohne das Äußere unseres Gartens zu beeinträchtigen. Je tätiger und lebendiger der Boden, desto schneller ist der Abbau unserer Mulchdecke, bis schließlich nur noch ein dünner Humusschleier übrig bleibt.

Die Mulchdecke schützt und nährt den Boden.

Mit frischen Küchenabfällen wird nicht direkt, sondern erst nach einer mehrwöchigen Haufenvorrotte gemulcht.

Mulchpraxis und Fehler

Ziel des Mulchens ist eine lückenlose, ganzjährige Bedeckung unserer Kulturböden. Bevor wir die Mulchmasse ausbringen, in den Reihen und zwischen den Pflanzen verteilen, ist es ratsam, den Boden oberflächlich, zum Beispiel mit einer Ziehhacke, aufzurauhen. Die häufigsten Fehler entstehen, wenn auf schweren Böden zu dicke Mulchschichten aufgetragen werden. Dadurch kann es bei anhaltendem Regenwetter zu unerwünschter

Wir unterscheiden Sommer-, Winter- und Dauermulch.

Sommermulch bedeutet, mit einer nur 2 cm starken Schicht abzudecken.

Fäulnis der unteren Schicht des Bedeckungsmaterials kommen. Im Sommer legen wir deshalb eine nur dünne, bis 2 cm starke Mulchschicht auf und erneuern diese öfters - wenn erforderlich, bereits nach zwei Wochen -, bis die Pflanzen selbst den vollen Bodenschluß erreicht haben. Beim Mulchen auf schweren Gartenböden brauchen wir mehr Geduld und Fingerspitzengefühl. Sichtbare Erfolge stellen sich oftmals erst nach zwei bis drei Jahren ein. Wichtig ist, daß bei Umstellungen solcher kritischer Böden auf das Mulchsystem jeweils in den Sommermonaten begonnen wird. Im Nutzgarten können wir alle Gemüsearten mulchen. Besonders dankbar reagieren Paprika und Tomaten, Kopfkohl und Sellerie, sowie Lauch und Rettich, auch Bleich- und Grünspargel.

Dieser Fehler darf nicht begangen werden: auf schwerem Boden zu dicke Mulchschichten aufbringen.

Sommermulch: Beim Sommermulch wird sofort nach dem Pflanzen und Angießen die nötige Mulchmasse ausgebracht. Ist das Material kurz geschnitten oder gehackt, läßt sich die Verteilung erleichtern. Bei Saatkulturen markieren wir sichtbar nach dem Aussäen die Reihen mit Sand oder feinem Reifkompost.

Mulchen spart Zeit, weniger Hacken, Unkrautjäten und Bewässern.

Für die Bodenbedeckung zwischen den Saatreihen steht uns im zeitigen Frühjahr oft nur Rohkompost zur Verfügung. Im Sommer entscheiden wir uns für Streuauflagen mit kurzem Grünmaterial, Heu oder Rindenhumus. Grasschnitt soll nur dünn - am besten angewelkt - ausgebracht und, wenn zusammengeschrumpft, wieder ergänzt werden. Zu leichtes trockenes Material, zum Beispiel Heu, wird oft vom Wind weggeweht.

Merke: Für Wintermulch eine stärkere Schichtdecke aufbringen.

Wintermulch: Zum Wintermulch verwenden wir unter anderem Grünabfälle von Ernterückständen und Unkräutern, Stallmist und Häckselgut. Diese Materialien, am besten in Mischung oder in der genannten Reihenfolge geschichtet, werden möglichst locker über die Beete verteilt. Je nach Zustand des Mulchmaterials kann auf leichten, sandigen Böden die Schichtdicke 10 cm und mehr betragen, auf schweren Gartenböden etwa 5 - 8 cm.

Bessere Rotte und Krümelbildung mit Gesteinsmehl

Wird zu den Streuschichten der Mulchdecke zusätzlich Gesteinsmehl gegeben, bringen wir wichtige Spurennährstoffe in den Boden zurück und binden eventuell auftretende unangenehme Gerüche. Wesentlich ist aber auch, daß dadurch eine stabilere Krümelbildung bei der Umwandlung der organischen Stoffe erreicht wird. Die Verrottung ist zu beschleunigen, wenn wir der Mulchschicht eine leichte Gabe von Horn- oder Knochenmehl beziehungsweise eines organischen Düngers zufügen. Auch wenn sogenannte Kompoststarter oder Kompostbeschleuniger der Mulchdecke zugegeben werden, läßt sich die Rotte auf dem Beet fördern.

Häufig wird auf die Spätfrostgefahr gemulchter Kulturen hingewiesen. Tatsächlich wirken Mulchschichten, und zwar organische Materialien mit Luftzwischenräumen, isolierend. Das bedeutet, daß tagsüber die Sonneneinstrahlung verringert, der Boden weniger erwärmt, und nachts dessen Wärmeabgabe an die bodennahe Luftschicht gehemmt wird. Dadurch kann es in Spätfrostlagen tatsächlich zu Kälteschäden kommen. Deshalb beginnt man auf gefährdeten Standorten erst nach Bodenerwärmung im Frühjahr mit dem Mulchen.

Groben Wintermulch mit Schreddergut oder Häckselstroh als Oberschicht verwenden, damit der Garten ordentlich aussieht.

Gerade weil die Gärten auch heute noch überwiegend in der Obhut der Frauen sind, wird besonders dankbar begrüßt, daß durch den Wintermulch die schwere Gartenarbeit im Spätherbst entfällt.

Erstaunlich ist, daß selbst im Winter, wenn der Boden nicht gefroren ist, unter der Mulchdecke eine aktive Regenwurmtätigkeit festgestellt werden kann. Nach der Frostperiode, im zeitigen Frühjahr, ist die Erde unter der stark geschrumpften Mulchdecke locker und leicht bearbeitbar. Vor der neuen Bestellung der Beete entfernen wir die groben Mulchreste, die der Haufenkompostierung als Lockerungsmaterial dienen können.

Durch die Mulchdecke auch im Winter mehr Bodenaktivität

Dauermulch: Dauermulch mit mehrjähriger Bodendecke wird für Obstanlagen, Gehölzgruppen sowie auf Gartenwegen empfohlen und in nachfolgenden gesonderten Abschnitten behandelt (siehe Foto Seite 101).

Für Dauermulch kann man auch gröberes Material verwenden.

Die Schneckenplage braucht im Mulchgarten nicht ärgerlicher zu sein als sonst üblich und die Bekämpfung nicht aufwendiger, weil diese Tiere unter der Mulchdecke zwar besser Schutz finden, sich aber auch teilweise von den Abdeckmaterialien ernähren. Auf Wühl- und Feldmäuse ist allerdings sorgfältiger zu achten, und bei Gefahr müssen unverzüglich notwendige Gegenmaßnahmen eingeleitet werden.

Vorsicht wegen Schnecken und Mäusen!

Dauermulch

Mulchen im Hügelgarten: Mulchen ist eine ideale Ergänzung im Nutzgarten mit Hügeln und Hochbeeten (siehe Foto Seite 49). Die bis zu 30% größere Kulturfläche im Hügelgarten kann durch richtiges Mulchen bestmöglich ausgenutzt werden.

Mulchen schützt vor allem die schrägen Beetseiten vor stärkerem Austrocknen und Abschlämmen bei heftigem Regen.

Der Vorzug der Hoch- und Hügelbeete liegt in der zeitigen Erwärmung des Bodens im Frühjahr und der dadurch erreichbaren Ernteverfrühung. Schwachpunkte dagegen bringt der Sommer durch stärkeres Austrocknen und höheren Wasserbedarf. Dieser bekannte Nachteil hügeliger Beete läßt sich durch eine Bodenbedeckung deutlich abschwächen. Werden Hoch- und Hügelbeete gemulcht, sind Saat- und Pflanzreihen nicht nur in Längs-, sondern auch in Querrichtung möglich.

Jungbäume und Sträucher wachsen sicherer an.

Obstbäume und Beerenobst: Auch das Mulchen der Obstbäume und des Beerenobstes hat beachtliche Vorzüge. Durch anhaltende, gleichmäßige Bodenfeuchte und nur geringe Temperaturschwankungen wird das Anwachsen neu gepflanzter Obstbäume und Beerensträucher sicherer. Dabei bedecken wir Einzelbäume scheibenartig und im Reihenobstbau die durchgehenden Baumstreifen mit einer Schicht von zirka 5 cm organischer Materialien, wie zum Beispiel Grasschnitt, geschredderte Gartenabfälle, Rindenmulch, grober Rindenhumus, Rohkompost, eventuell auch Kurzstroh, Heu und Trester.

Merke: Starke Mulchschichten nicht zu nahe an junge Baumstämme bringen.

Es ist darauf zu achten, daß um die jungen Baumstämme herum die Mulchschicht nicht zu stark aufgetragen wird, weil durch Erwärmen des Materials Rindenschäden nicht ausgeschlossen werden können.

Untersuchungen ergaben, daß sich nach mehrjährigem Dauermulchen das Porenvolumen des Bodens bezüglich seiner Wasserdurchlässigkeit und Durchlüftung beachtlich verbesserte. Dabei reichte der Einfluß bis zu einer Tiefe von 20 cm.

Stehen die Obstbäume im Grasland, ist regelmäßig bei Schnitthöhen von 15-20 cm zu mähen. Das Mähgut, leicht angewelkt, können wir anschließend als Mulchmaterial auf die Baumscheiben beziehungsweise Baumstreifen verteilen.

Besonders Spindelbäume auf schwachwachsenden Unterlagen mit hohen Ertragsleistungen sind dankbar für sorgfältiges Mulchen. Die feinen Saugwurzeln der Obstbäume wachsen bis an die Mulchschicht heran und sind deutlich erkennbar, wenn wir die Mulchmasse vorsichtig wegräumen.

Keine Bodenbearbeitung und deshalb keine Wurzelbeschädigungen an den Obstbäumen

Durch Mulchen entfällt die Bodenbearbeitung bei Baum- und Beerenobst und damit das Risiko von Wurzelbeschädigungen. Wenn der gepflegte Obstgarten in Hausnähe und Sichtbereich liegt, ärgern nicht selten Vögel den Besitzer, weil sie auf der Nahrungssuche das sorgfältig angeordnete Mulchmaterial zerstreuen. Wesentlich unangenehmer ist allerdings die Wühl- und Feldmausgefahr durch das Mulchen. Besonders in den ersten Jahren nach der Pflanzung müssen wir deshalb regelmäßig gründlich unsere Anlage überwachen und rechtzeitig Gegenmaßnahmen einleiten. Ein vom Mulch freigehaltener Ring um die jungen Stämme erleichtert die Kontrolle.

Permanente Mäusegefahr – daher ist sorgfältige Kontrolle nötig!

Dauermulchmöglichkeiten; 1 im Hügelgarten, 2 im Obstgarten, 3 im Kräutergarten, 4 auf Blumenrabatten, Staudenbeeten und unter Ziergehölzen, 5 Rosen, 6 Rhododendron, 7 im Heidegarten, 8 immergrüne Gehölze, 9 Kübelpflanzen, 10 Kletterpflanzen, 11 Rasen, 12 Gartenwege

Weniger Obstbaummüdigkeit durch Dauerbegrünung und Mulchen

Mulchschichten mit organischen Materialien verhindern zwar im wesentlichen den Unkrautwuchs, bei stärkerem Besatz von Wurzelunkräutern, wie zum Beispiel von Disteln, Giersch, Winden und Quecken, ist schwarze Mulchfolie wirkungsvoller. Auch die Kombination schwarzer Mulchfolie oder gebrauchter Vliese und organischer Abdeckung, zum Beispiel mit Rindenhumus, hat sich bewährt.

Beerenobst als ursprüngliche Waldpflanzen ist dankbar für eine natürliche Mulchdecke.

Von besonderem Interesse ist das wirkungsvolle Mulchen der Beerensträucher (siehe Foto Seite 103). Bei Verwendung von Rindenhumus, auch bei Brombeeren, wird der unkrauthemmende Effekt des Bedeckungsmaterials besonders deutlich und erleichtert deshalb die oft schwierigen Pflegemaßnahmen.

Mulchen schützt auch Erdbeerfrüchte vor Verschmutzung.

Die Erdbeerreihen mulchen wir mit Stroh, Heu, geschredderten Zweigen oder Holzwolle. Damit wird zur Erntezeit zudem ein Schutz vor Verschmutzung der Früchte gegeben. Durch Mulchen ist die Hackarbeit auf zwei bis drei Arbeitsgänge, verbunden mit dem Abranken der Pflanzen, zu reduzieren.

Kräuter- und Pilzgarten: Sofort nach der Pflanzung der mehrjährigen Heil- und Würzpflanzen kann der Boden mit Häckselmaterial aus verholzten Gartenabfällen, mit Rohkompost, Waldstreu oder Rindenhumus etwa 5-6 cm stark bedeckt werden. Diese Schutzschicht begünstigt das Anwachsen und gibt kontinuierlich und damit auch angepaßt an den Witterungs- und Wachstumsverlauf Nährstoffe frei. So lassen sich ähnliche Lebensbedingungen wie in der freien Natur anbieten. Dies ist wichtig für die Erzeugung von hochwertigen Kräutern, reich an Heil-, Würz- und Duftstoffen.

Organische Zusatzdünger – auch Kalk – werden vorteilhaft über die Mulchschicht gegeben.

Die ein- und zweijährigen Kräuter, meist in Reihen kultiviert, können wir wie Saatgemüse behandeln. Dünne Schichten von Nährmulch fördern das Auflaufen der Saat und eine schnelle Jugendentwicklung bis zum Bestandsschluß.

Die ideale Bodenbedeckung im Pilzgarten erfolgt mit einer mindestens 10 cm starken Schicht Rindenmulch. Schattiger Standort und Mulchdecke gewährleisten gemeinsam die nötige Bodenfeuchte für die Pilzkulturen. Durch die federnde, durchlässige Bodendecke ist unser Pilzgarten jederzeit, auch nach stärkeren Regenfällen, begehbar.

Die Mulchschicht schafft einen „waldbodenähnlichen“ Pilzgarten.

Blumenrabatten, Staudenbeete und Ziergehölzgrup-

Im Ziergarten werden zum Mulchen Rindenhumus und Holzschnitzel bevorzugt.

pen: Während im Nutzgarten Mulchschichten mit Grünabfällen, Ernterückständen und vielen anderen organischen Materialien inzwischen akzeptiert und geschätzt werden, spielt im Wohn- und Ziergarten das äußere Bild der Anlagen eine wesentliche Rolle. Deshalb werden hier zum Mulchen vorwiegend Rindenhumus als Torfersatz und einheitlich geschreddertes Holz verwendet. Ergänzend ist auf eine Schweizer Empfehlung hinzuweisen, wonach gehäckseltes Stroh einige Wochen mit Erde gemischt vorkompostiert und dann als erdfarbenes Material zum anspruchsvollen Mulchen verwendet wird. Vor allem bei Hanglagen hat sich das Mulchen nicht zuletzt auch als Erosionsschutz bewährt. In Strauchgruppen außerhalb der Sichtweite können wir auch mit Rasen- beziehungsweise Wiesenschnitt mulchen, bis eine geschlossene Pflanzendecke erreicht ist.
Zum Mulchen der Rosen wird bevorzugt kurzstrohiger Stallmist, ersatzweise auch Rindenhumus eingesetzt. Wichtig ist hier, daß vor der Bedeckung der Boden oberflächlich gelockert und Unkraut entfernt wird.
Rhododendren erhalten eine kräftige Deckschicht aus Walderde, eventuell gemischt mit Laub und Torf. Dies ist besonders dann notwendig, wenn mit kalkhaltigem Wasser beregnet werden muß.
Im Heidegarten kommt als Mulchschicht flächendeckend nur Nadelstreu und Rindenhumus in Frage. Damit können wir längerfristig die erforderlichen Bodenvoraussetzungen schaffen, ohne den Charakter dieses Gartens zu beeinträchtigen.
Immergrüne Gehölze sind meist Flachwurzler und deshalb sehr dankbar für eine lebenslange, geschlossene Bodenbedeckung, damit Trockenzeiten besser überstanden werden können.
Auch für unsere mobilen Ziergärten, die Kübelpflanzen, wird die Oberflächenbedeckung des Bodens mit Rindenhumus empfohlen. Diese wassersparende Methode erlaubt eingeschränktes Gießen der Gefäße, Kästen und Schalen.
Bei Wandbegrünungen erhalten die Kletterpflanzen auf ihre Pflanzscheibe eine luftdurchlässige, etwa 5 cm starke Mulchdecke, die den Wurzelbereich feucht und kühl hält. Damit wird nicht nur sicheres Anwachsen, sondern auch die gewünschte Kletterfreudigkeit erreicht.

Rasenmulch – ein Weg zur naturgemäßen Pflege

Mulchschnitt des Rasens: Auch Rasen- und Wiesenflächen können wir mulchen, wenn regelmäßige kurzzeitige Mahden möglich sind. Dadurch lassen sich nicht nur Dünger und Wasser sparen, sondern auch die Regenwurmtätigkeit beachtlich steigern.

Entscheidend ist eine Schnitthöhe von nicht über 4 cm.

Gemäht wird ohne Auffangkorb. Der Rasenschnitt wird dabei schleierartig über die gesamte Fläche verteilt. Angehäuftes, klumpiges Schnittgras kann bei schlechtem Wetter zu Fäulnis und bei verzögerter Zersetzung zu unerwünschtem Pilzbefall des Rasens führen.

Möglichst nur bei trockenem Wetter mähen.

Mulchschnitt ist meist bei Mehrzweck- und Nutzrasen, weniger bei feinem Zierrasen üblich. Um einer Verfilzung der Rasenoberfläche vorzubeugen, sollte wenigstens einmal jährlich vertikutiert oder kräftig mit einem Stahlbesen abgekehrt werden. Dadurch können wir die Rasennarbe aufreißen, Reststoffe entfernen und die Verrottung verbleibender Materialien veranlassen. Regenwürmer sind im Rasen erwünschte Helfer gegen Rasenfilz und für die Bodenbelüftung.

Weiche, federnde Gartenpfade durch Mulchen

Mulchen der Gartenwege: Holzhäcksel oder Rindenmulch geben einen ausgezeichneten, wasserdurchlässigen, federnden Bodenbelag für Gartenwege (siehe Foto Seite 101). Handelt es sich dabei um Dauerwege zwischen den Beeten, sollte die Deckschicht 8 – 10 cm stark sein. Unter diesem Belag wird durch eine aktive Regenwurmtätigkeit ein feines Röhrensystem des Bodens erreicht, das wasserleitend und durchlüftend wirkt. Um Unkrautwuchs zu unterbinden, können wir vor dem Aufbringen der Mulchschicht flächendeckend gebrauchte Vliese auf den Wegen auslegen. Gelochte Flachfolien werden von Quecken und Disteln auch dann durchwachsen, wenn sie mehrschichtig verwendet worden sind.

Mehrjährige Unkräuter wachsen durch.

Für die schmalen Beetzwischenwege genügen Rindenmulchauflagen von zirka 5 cm Stärke, die während des Jahres eventuell zu ergänzen sind.

Richtig gemulchte Wege geben unserem Garten ein gepflegtes Aussehen. Der Aufwand für das Mulchmaterial wird allein durch geringeren Arbeitsbedarf für die Wegepflege weitgehend ausgeglichen.

Mulchpraxis in alternativen Gärten

Mulchen im biologisch-dynamischen Garten: Nach den Theorien des biologisch-dynamischen Landbaues sind für einen offenen Boden die ätherischen und astralen Kräfte besser zugänglich. Deshalb kann hier auch umgegraben werden.

Mulchen im organisch-biologischen Garten: Ganzjähriges Mulchen als lückenlose Bodenbedeckung mit organischen Materialien ist ein wichtiges Element des organisch-biologischen Gartenbaues. Zweck dieser Maßnahme - im Zusammenhang, daß der Boden nicht umgegraben, sondern nur gelockert werden soll - ist das Bestreben, nicht störend in das Bodenleben einzugreifen.

Zum Bedecken der Gartenböden sind Stallmist, Gründüngungspflanzen, die eventuell auf besonderen Beeten angebaut wurden, Laub, Kurzstroh, samenlose Unkräuter und auch teilweise angerottetes Kompostmaterial, sogenannter Oberflächenkompost, gebräuchlich.

Angerottetes Kompostmaterial als Oberflächenkompost wird bevorzugt.

Mulchen im makrobiotischen Gartenbau: Im Herbst wird der Boden zum Beispiel mit Laub und geschnittenen Gartenabfällen bedeckt, um vor Erosion zu schützen.

Mulchen im Mazdaznan-Garten: Im Mazdaznan-Gartenbau wird ebenfalls die Bodenbedeckung mit Gras, Stroh und anderen organischen Materialien empfohlen, und zwar mit dem Hinweis, die Mulchschicht nach Möglichkeit mit Gesteinsmehl zu überstreuen.

Mulchen im veganistischen Garten: Im veganistischen Gartenbau wird mit Kompost gemulcht, der ohne jede tierischen Bestandteile hergestellt worden ist. Die Mulchdecke soll in den ersten Jahren mindestens 5 cm stark sein, später können 3 cm dicke Auflagen genügen. Durch Rußzusatz werden die Mulchkomposte stark dunkel gefärbt. Dies bewirkt im Frühjahr eine bessere Erwärmung des Bodens.

Rußzugaben sollen die Mulchmasse dunkler färben.

Im veganistischen Garten werden die Wege mit einer dicken Schicht Weizenstroh bedeckt, weil sich diese Strohart am langsamsten zersetzt.

Mulchen nach Ruth Stout: Altmeisterin des Mulchens im Garten ist die Amerikanerin Ruth Stout. Sie begann mit zunehmendem Alter, zur Arbeitserleichterung ihren großen Garten bevorzugt mit Heu zu mulchen. Schon nach mehreren Jahren konnte sie überrascht feststellen, daß sich die Struktur ihres kritischen Bodens wesentlich verbesserte und offensichtlich auch weniger Krankheiten an den Kulturpflanzen auftraten. Gegen hart-

Vorwiegend Heu als Mulchmaterial wird bei der Ruth-Stout-Methode verwandt.

näckige Unkräuter, wie zum Beispiel Quecken und Giersch, arbeitete sie mit Papier und Pappe als Abdeckungsmaterial.
Nach der Methode von Ruth Stout wird das pflanzliche Mulchmaterial auf 20-30 cm Länge geschnitten und die Auflage bis 18 cm hoch geschichtet. Die Aussaat von Mais und Stangenbohnen erfolgt direkt in die Mulchmasse. Kartoffeln werden auf die Erdoberfläche gelegt und mit einer bis 30 cm starken Mulchschicht, zum Beispiel mit Heu, bedeckt. Für Sägemüse ist die Deckmasse im Frühjahr zur Seite zu räumen, damit sich der Boden leichter erwärmt. Nach der Saat kann mit einer etwa 2 cm starken Mulchschicht, eventuell auch mit Sägemehl oder feinen Sägespänen, erneut gemulcht werden.

Aussaat direkt in die Mulchmasse, zum Beispiel bei Mais und Bohnen

Eigenschaften der organischen Mulchmaterialien

Um Mißerfolgen vorzubeugen, Materialkriterien beachten!

Die Eigenschaften der organischen Mulchmaterialien sind recht unterschiedlich. Wenn wir sie bei der Anwendung berücksichtigen, kann Mißerfolgen vorgebeugt werden.

Ernterückstände: aus dem Nutzgarten oder Gründüngungspflanzen sind zu zerkleinern, zum Beispiel mit einer scharfen Hacke, mit Häckselzwerg oder Schredder, damit die Verteilung zwischen den Reihen und Einzelpflanzen leichter erfolgen kann. Durch zusätzliches Bedecken mit einer Oberschicht aus gehäckseltem Stroh, Heu oder Rasenschnitt wird das Äußere unseres Mulchgartens ansehnlicher.

Durch Zerkleinern und Anwelken des Materials wandern weniger Schnecken zu.

Rasen- oder Wiesenschnitt: ist am besten erst nach Anwelken zu verwenden. Vorsicht vor zu starker Wärmeentwicklung, wenn mit zu dicken Schichten gemulcht wird.

Vorteilhaft ist das Mischen des Rasenschnittes mit Häckselstroh oder Laub.

Verholzte Gartenabfälle: zum Beispiel von Zweigen, Staudenstengeln und Heckenschnitt, ergeben geschreddert bestes Mulchmaterial mit vielseitigen Einsatzmöglichkeiten. Bei sorgfältiger Anwendung wird das Gartenbild nicht gestört.

Vielseitigste Verwendung, ohne das Gartenbild zu stören.

Laub: ist auch in schichtweiser Anordnung zum Mulchen verwendbar.

Laub ist in Mischung mit anderen Stoffen wirkungsvoller.

Heu: als artenreiches Wiesenheu eignet sich vorzüglich zum Mulchen. Das Gras soll vor dem Samenansatz geerntet werden.

Stroh, gehäckselt: kann allein, besser gemischt mit an-

Mulchmaterialien auf einen Blick;
1 Sägemehl,
2 Nadelstreu,
3 Rindenmulch,
4 Heilpflanzen,
5 Gründüngungspflanzen,
6 Stroh,
7 Ernterückstände und Küchenabfälle (vorher zerkleinern),
8 verholzte Gartenabfälle,
9 Trester,
10 Stallmist,
11 Heu,
12 Rasenschnitt, 13 Laub

deren Materialien wertvolle Dienste leisten. Stroh als Unterlage bei Erdbeeren fördert gleichzeitig die Fruchtqualität. Erst nach den letzten Spätfrösten sollen wir das Stroh ausbringen, damit es wegen seines Isoliereffektes die Bodenerwärmung nicht verhindert. Stroh als Mulchmaterial braucht zusätzlich Stickstoff zur Rotte. Bei konventioneller Gartenbewirtschaftung wird Kalkstickstoff, im alternativen Garten Blutmehl, Horngrieß, aufbereitete Schweineborsten oder andere Hornpräparate empfohlen.

Stallmist: in kleineren Gaben kontinuierlich ausgebracht zeigt bemerkenswerte Mulcheffekte. Er ist als Wintermulch ungeeignet. Abbau und Mineralisation sind in dieser Zeit zwar verlangsamt, aber die löslichen Nährstoffe können ausgewaschen oder weggeschwemmt werden. Unverrotteten Stallmist geben wir auch nicht kurz vor Saat oder Pflanzung, weil Hemmstoffe der zersetzenden Mikroflora ungünstig auf die Pflanzenentwicklung wirken können. Frischer Schweine- und Geflügelmist scheidet zum Mulchen wegen eventueller Geruchsbelästigung und Pflanzenschädigung aus.

Sägemehl: ist für Dauermulch und Bodenbedeckung der Wege im Garten, bei einer Auflagedicke von etwa 5 cm, geeignet. Sägemehl dunkelt innerhalb kurzer Zeit nach und benötigt ebenfalls eine Stickstoffgabe (50g/m^2 eines handelsüblichen Stickstoffdüngers), wenn schnellere Verrottung angestrebt wird.

Küchenabfälle: lassen wir besser erst vorrotten, vorteilhaft im Gemisch mit Laub, Strohhäcksel und anderen geschredderten Materialien.

Heil- und Würzpflanzen: soweit ihre Teile nicht als Tee oder Würzkräuter Verwendung finden, sind klein geschnitten gefragte Zusätze für alle Mulchvariationen.

Trauben- und Apfeltrester: werden bevorzugt zum Mulchen von Obstbäumen auf Pflanzenreihen und Baum-

Trestermulch fördert stark die Regenwurmtätigkeit.

scheiben eingesetzt. Abdecken mit anderem weniger feuchtem Material ist empfehlenswert.

Rindenmulch ist der wichtigste Torfersatz für Mulchzwecke.

Rindenmulch: ist zerkleinerte, zum Teil fraktionierte Baumrinde vor allem von Fichten und Tannen. Er reagiert schwach sauer bis neutral und wird nur langsam abgebaut. Bei Schichtdicken von 7 - 10 cm müssen wir die Auflage erst nach drei bis vier Jahren ergänzen. Keimungshemmende Eigenschaften des Rindenmulches unterbinden Unkrautwuchs. Die natürlichen Schutz- und Hemmstoffe werden durch Mikroorganismen allmählich abgebaut, und es entsteht Rindenhumus. Bewährte Einsatzmöglichkeiten für Rindenmulch und Rindenhumus sind unter anderen Bodenbedeckungen bei Strauch- und Baumobst, Gehölzgruppen, Zierpflanzenrabatten und Gartenwege.

Rindenmulch hat sich für alle Dauermulchverfahren bewährt.

Nadelstreu mit niederem pH-Wert: wird zum Mulchen von Rhododendron und in Heidegärten eingesetzt.

Nebeneffekte beachten und besser nutzen!

Die Mulchmaterialien zeigen ihre besten Wirkungen, wenn sie genügend zerkleinert und vielseitig untereinander gemischt auf feuchten, möglichst bereits erwärmten Böden ausgebracht werden. Ergänzend sei erwähnt, daß durch Mulchen mit Ernterückständen von verschiedenen Pflanzenarten Schädlinge abgewehrt werden können. So sollen Pflanzenteile von Tomaten im Kohlanbau Kohlweißling und Kohlfliege fernhalten. Es wird empfohlen, auf ähnliche Effekte selbst zu achten, die Beobachtungen zu prüfen und praktisch zu verwerten.

Was bedeuten Zell- und Plasmagare beim Mulchen?

Die Natur kennt keine Haufenkompostierung.

Abbauprozeß in sinnvoller Ordnung der Natur

Die Verarbeitung der organischen Masse erfolgt direkt auf den Bodenoberflächen der Wälder, Haine und Auen. Viele Organismen, die in Arbeitsgruppen tätig sind, bewirken die Umsetzungsvorgänge. Jede Art beschränkt sich auf einen bestimmten Anteil im Abbauprozeß. Das Ganze ist also keine willkürliche Auflösung von Strukturen, sondern vollzieht sich in sinnvoller Ordnung. Die Zusammensetzung der Verwertungsgesellschaft wird dabei vom Stoffangebot gesteuert. Ist die Versorgung unserer Kulturböden mit organischen Materialien reichlich und vielseitig, können wir auch eine arten- und individuenreiche Mikrobenaktivität erwarten. Die Zahl der Kleinlebewesen wächst, und es kommt zu Kolonienbildungen mit gewaltigen Zellvermehrungen. Der Fachmann spricht von mikrobieller Bodengare oder Zellgare. Dieser Zustand wird allgemein verständlich, wenn wir erfahren, daß aus einer Einzelbakterie innerhalb von zwei bis drei Tagen ein Millionenheer von Nachkommen entsteht, vorausgesetzt, daß die äußeren Umweltbedingungen stimmen.

Die mikrobielle Bodengare wird dann rasch eingeleitet, wenn folgende Punkte erfüllt sind:

1. genügend Bodenfeuchtigkeit,
2. die notwendige Wärme (Brutwärme),
3. ausreichender Gasaustausch,
4. Abschirmung von Belichtung (Viele Mikrobenarten vertragen kein Licht. Durch Bodendecke wird die sogenannte Schattengare erst ermöglicht.) sowie
5. Schutz vor extremen Witterungseinflüssen, zum Beispiel vor starken Niederschlägen.

Alle diese Voraussetzungen bietet eine Mulchdecke aus organischen Materialien.

Die mikrobielle Gare oder Zellgare ist vergänglich, soweit sie aus Mikrobenkörpern besteht, die nach Abbau der Kohlenstoffverbindungen absterben. Viele Kleinstlebewesen haben nur eine Lebensdauer von einigen Minuten. Körpersubstanzen und Rückstände aus der Tätigkeit der Kleinlebewesen verkleben mit Bodenteilchen und bilden die nunmehr sichtbaren Bodenkrümel. Die obere Schicht des Mutterbodens wird grobporig und luftdurchlässig für die rege Mikrobentätigkeit.

Ergebnis der mikrobiellen Bodengare und Krümelbildung

Wie beim Verdauungsvorgang der Tiere werden aus der zerkleinerten Nahrung die zelligen Strukturen aufgelöst, Gerüst-, Füll- und Schutzsubstanzen abgebaut und Nährstoffe freigelegt. In beiden Bereichen wird analog eine ganz spezifische Bakterienflora gebildet, die in aufeinanderfolgenden Abschnitten für den Abbau und die Umsetzungen verantwortlich ist.

Bereits Aristoteles aus Stagira (384-322 v. Chr.) bezeichnet den Boden als Magen der Pflanzen und die Regenwürmer als Eingeweide der Erde.

Der bekannte Mikrobiologe Dr. Rusch hat in einem Vergleich die Zellzahlen von Haufenkompost und Mulch ermittelt und dabei eindeutig festgestellt, daß die weitaus höheren Zählwerte durch Mulchen erzielbar sind. Damit ist die Überlegenheit der Mulchmethode bekräftigt worden. Dies gilt vor allem für weniger fruchtbare, leichtere Böden, deren Bindekräfte wesentlich verbessert werden konnten.

Mit Zellmessungen läßt sich die Bodenaktivität und damit der Fruchtbarkeitszustand ermitteln.

Wir haben also festgestellt, daß die Zellgare als Zustand

Die Theorie bestätigt die Praxis: Nur eine ununterbrochene, lückenlose Nährdecke gewährleistet hohe Bodenfruchtbarkeit.

nur solange beständig ist, bis die Mikroben die Brennstoffenergien, also ihre Nahrung, aufgebraucht haben. Für Maßnahmen des Mulchens bedeutet dies, daß ein hoher Fruchtbarkeitszustand unserer Böden nur durch eine ununterbrochene, lückenlose Nährdecke erhalten werden kann.

Aus organischer Masse werden beständige Humusformen.

Aus der mikrobiellen Gare entsteht unmittelbar die sogenannte Plasmagare. Die Strukturen sind zellenlos oder zellarm, im Aussehen wie lockere, feinkrümelige, lufthaltige, feinporige Erde, ohne erkennbare unverdaute Reste – wie wir das von sehr altem, reifem Kompost kennen. Die Bindekräfte sind um ein Vielfaches stärker geworden. Im Sorptionsvermögen, gemessen an der Nährstoffanlagerung und Wasserspeicherung, werden zellgare Böden von plasmagaren bei weitem übertroffen. Aus organischen Materialien ist im Grenzbereich zwischen Boden und Mulchdecke Humus geworden.

Zell- und Plasmagare sind Begriffe und Inhalte des organisch-biologischen Gartenbaues, die uns helfen, die Vorgänge der Humifizierung bei den Mulchverfahren besser zu verstehen.

Mulcheffekte in Abhängigkeit von der Bodenart

Schnelle Erfolge und wenige Fehler bei leichteren, sandigen Böden

Leichte, sandige Böden eignen sich in idealer Weise zum Mulchen und Flachkompostieren. Selbst bei dickeren Auflageschichten kommt es kaum zu unerwünschten Fäulniserscheinungen. Werden die Bodenbedeckungen systematisch durchgeführt, erübrigen sich das Umgraben und andere schwere Bodenbearbeitungen.

Kombiniert mit Düngergaben von Urgesteinsmehl über die Mulchschichten, sind die Bindekräfte dieser leichten Böden wesentlich zu erhöhen. Stoßartige organische Düngung birgt die Gefahr übertriebener Bodenaktivitäten. Klüger ist eine gleichmäßige Bedeckung, denn daraus resultiert eine regelmäßige Bodenernährung. So werden naturgesetzmäßig in Anpassung an den Klimaverlauf, der im allgemeinen auch der Pflanzenentwicklung entspricht, die Humusabbauprozesse im Oberboden erfolgen. Auf diese Weise sind durch Mulchen und Flachkompostieren die Voraussetzungen für die Dauerfruchtbarkeit sandiger Böden zu schaffen.

Auf minderen Sandböden sind durch Mulchen hohe Flächenleistungen erzielbar.

Schwieriger gegenüber Mulchverfahren verhalten sich schwere, tonhaltigere Böden. Bodenatmung und Was-

serführung sind ungünstig. Späte Erwärmung im Frühjahr verzögert die Bestellung des Gartens.
Dennoch sind - wenn auch mehr Verständnis notwendig ist - Verbesserungen der Kulturfähigkeit und Ertragsleistung mit Hilfe von Mulchverfahren nach mehreren Jahren möglich. Mühen und Aufwand lohnen sich, weil fruchtbare, schwere Böden letztendlich strapazierfähiger, zuverlässiger und ertragsfähiger sein werden.
Folgende Empfehlungen sind bei der Behandlung schwerer, toniger Böden beachtenswert:

Schwere Böden fordern mehr Wissen und Können:

1. Die Mulchschichten dürfen nur dünn, bei Sommermulch bis 2 cm stark sein, um Fäulnis vorzubeugen.

Nur sehr dünne Mulchschichten

2. Wenn möglich sind statt einseitigen Mulchanwendungen, zum Beispiel mit Rasenschnitt, Mischungen mit verschiedenen Materialien zu bevorzugen.

Materialmischungen bevorzugen

3. Zum schnelleren Mulchabbau können wir organische Dünger oder Kompostbeschleuniger über die Deckschichten streuen.

Rottevorgänge beschleunigen

4. Zur besseren Bodenerwärmung im Frühjahr kann rechtzeitig im Garten der Wintermulch zur Seite geräumt und nach der Saat beziehungsweise Pflanzung mit Rohkompost oder feinem Mulchmaterial dünnschichtig erneut bedeckt werden.

Zur Bodenerwärmung Wintermulch wegräumen.

5. Auch bei sorgfältigem Mulchen ist eine Bodenlockerung unumgänglich.

Bodenlockerung bleibt unverzichtbar.

6. Zur Beschleunigung der Entwicklung ist es wichtig, mehrere Jahre verfügbare organische Materialien in Haufen zu kompostieren und die Mulchmaßnahme mit beträchtlichen Gaben oberflächlich eingearbeiteten Kompostes zu kombinieren.

Mit Kompostgaben Mulchen ergänzen.

Bei Bodenbedeckungen mit organischen Materialien entsteht durch die Bodenlebewesen pro Jahr eine Schicht Komposterde von zirka 1 cm Dicke. Das bedeutet die beachtliche Menge von etwa 1 m^3 je 100 m^2 Gartenfläche.

Flächenkompostierung

Die Unterscheidung der Flächenkompostierung zum Mulchen mit organischen Materialien besteht darin, daß bei diesem vor allem im Erwerbsanbau häufiger angewandten Verfahren zerkleinerte Ernterückstände, Stallmist, Rohkompost, Stroh und anderes in kräftiger

Flächenkompostierung – Kompostbereitung in der Oberkrume

Schicht aufgebracht und zudem noch leicht eingearbeitet werden. Dadurch erfolgt eine Vermischung mit dem Oberboden und eine schnelle Einleitung aktiver Verrottungsvorgänge im Bereich der Oberkrume. Steht genügend Feuchtigkeit dieser tätigen Bodenschicht zur Verfügung, sind die Abbauprozesse recht intensiv.

Wartezeiten von ein bis zwei Wochen von der Flächenkompostierung bis zum neuen Kulturbeginn

Flächenkompostierung verbunden mit richtiger Bodenbearbeitung mit Rollhacke oder Fräse gestattet eine nachfolgende Neubestellung der Kulturflächen. Besonders bewährt hat sich Flächenkompostieren mit sofort anschließender Gründüngungseinsaat. Die Gründüngungspflanzen wachsen durch die noch nicht zersetzte Mulchmasse, fördern deren Rotte und ergeben eine beachtenswerte Humusquelle mit hohem Nährwert.

Stickstoffzugabe fördert die Rotte; Faustregel: 1 kg Reinstickstoff je dz Stroh.

Zur Rottebeschleunigung können nach früheren Empfehlungen 20 - 30 g/m² Kalkstickstoff vor dem Einarbeiten über die organischen Materialien gestreut werden. Vor allem Stroh, das auf zirka 8 cm Länge gehäckselt und leicht eingearbeitet wird, benötigt eine zusätzliche Stickstoffgabe.

Bodenbürtiges Kohlendioxyd aus dem Rotteprozeß begünstigt das Pflanzenwachstum.

Bei Neuanlagen mit langlebigen Pflanzenarten zeigten sich Flächenkompostierungen mit nachfolgenden Mulchschichten als vorteilhaft. Flachkompostierung wirkt wie ein Schwamm, der Wasser und Nährstoffe den Pflanzenwurzeln stetig anzubieten vermag.

Sollen Haus- und Küchenabfälle zur Flächenkompostierung Verwendung finden, wird auch hier vorteilhaft eine mehrwöchige Haufenvorrotte empfohlen.

Bei Wurzelgemüse entstehen mehr Beinigkeit und Verkrüppelungen der Rüben.

Im Nutzgarten eignet sich die Flachkompostierung nahezu für alle Gemüsearten. Einschränkungen gelten nur für Wurzelgemüse, zum Beispiel für Schwarzwurzeln und Möhren, weil gröbere, unverrottete Rückstände im Boden die Qualität der Wurzelkörper beeinträchtigen und Formfehler verursachen.

Die Flächenkompostierung ist eine wirkungsvolle Maßnahme zur schnelleren Belebung weniger tätiger Böden bei Gartenneuanlagen, zum Beispiel wenn beim Hausbau schwerwiegende Erdbewegungen erfolgen mußten.

Alles in allem bleibt die Feststellung, daß wir mit den verschiedenen Mulchverfahren auf natürliche Weise die Fruchtbarkeit und längerfristige Ertragssicherung unserer Böden verbessern, die Gartenarbeiten vereinfachen sowie erleichtern und durch die mögliche Abfallentsorgung zur Umweltentlastung beitragen.

Zitat von Professor Sekara: „Die richtige Humuswirtschaft ist eine planmäßige Fütterung der Bodenorganismen.“

Mit der Natur arbeiten – „nackter“ Boden ist unnatürlich.

Durch intensive Aufklärungsarbeit sollten wir erreichen, daß immer mehr Anbauer erkennen, wie unnatürlich und nachteilig sich nackter Boden im Garten auf seine Dauerfruchtbarkeit auswirkt. Ist dem Einzelnen bewußt geworden, daß der Boden lebt, seine Flora und Fauna regelmäßiger Nahrung, Schutz und Pflege bedürfen, wird er die Empfehlungen zum Mulchen verstehen.
Abschließend sind die neueren Versuchsergebnisse von Dipl.-Ing. Müller, Heroldsberg, interessant, der mit seinem Boden-Endoskop die Wurzelvitalität nach Mulchen mit organischen Materialien, insbesondere Rasenschnittgut, nachweisen konnte. Selbstverständlich können sowohl Einjahreskulturen wie auch Nutz- und Zierbäume mit dieser Methode untersucht werden. Eindeutig ließen sich schlechter Wuchs und Absterbeerscheinungen in Garten, Feld und Wald auf niedrige Boden-pH-Werte zurückführen. Liegen die pH-Werte im stark sauren Bereich unter 3,5, ist nach Angaben des Forstbotanischen Institutes der Universität Göttingen die Nährstoff- sowie Wasseraufnahme der Bäume beeinträchtigt, und schlecht ernährte Pflanzen verlieren natürliche Abwehrkräfte gegen Krankheiten und Schädlinge. Saurer Boden ist also eine wesentliche Ursache der Immunschwäche mit der Folge des langsamen Baumtodes.
Durch Mulchen mit angewelktem Rasenschnittgut gelang es Müller zunächst, niedrige Boden-pH-Werte in Garten- und Waldböden anzuheben und mit dem Boden-Endoskop die beachtliche Neuwurzelbildung zu fotografieren.
Die Boden-Endoskopie ist leicht zu erklären. Mit einem Rohrspaten wird ein etwa 20 cm tiefes und im Durchmesser etwa 5 cm starkes Loch ausgehoben und ein Plexiglasröhrchen mit einer lichten Weite von 1,4 cm eingesetzt. Durch diese Röhre sind Endoskopaufnahmen, bekannt aus Medizin und Technik, in beliebigen Zeitabständen möglich, um die Wurzelentwicklung zu verfolgen.
Die Endoskopfotos ergaben, daß die Faserwurzeln der Kulturpflanzen sich bevorzugt in der Biomasse bildeten. Bemerkenswert ist dabei die Feststellung, daß zum Beispiel das Wurzelwerk einer Brokkolipflanze bis zur Ernte mit allen Faserwurzeln eine Länge von über 2 km erreichen kann.

Die Gründüngung

Unter Gründüngung verstehen wir eine kurz- oder längerfristige Bodenbegrünung von Kulturflächen mit bestimmten Pflanzenarten. Die dabei gebildete Pflanzenmasse wird grün geschnitten, in den Boden eingearbeitet oder gemulcht und dient so dem Schutz des Bodens und einer Verbesserung der Fruchtbarkeit. In unseren Gärten setzt sich erfreulicherweise die Gründüngung immer mehr durch. Selbstverständlich können für eine schnelle Wiederbegrünung neben den charakteristischen Gründüngungspflanzen - vor allem aus den Pflanzenfamilien der Schmetterlingsblütler und Kreuzblütler (siehe S. 117 ff.) - auch verzehrbare Nutzpflanzen wie Spinat, Feldsalat, Sommerzichorien, Senf und verschiedene Kräuterarten gewählt werden, die bei Bedarf zumindest eine Teilbeerntung der oberirdischen Teile ermöglichen.

Bodenbegrünung oder „Grüner Pelz“ für den Gartenboden

Sobald ein Beet frei wird, säen wir Gründüngungspflanzen ein und lassen es nicht ungenützt liegen.

Gründüngung ist auch mit Nutzpflanzen möglich.

Der Anbau von Gründüngungspflanzen im Herbst, mit üppigem Wuchs bis zum Frosteintritt, schützt unsere Gartenböden vor Nährstoffauswaschungen während der Wintermonate, bietet den Bodenorganismen Schutz sowie Nahrung und erspart besonders auf schweren Böden die oftmals recht aufwendige Bodenbearbeitung. Die vielfach beobachteten Ertragssteigerungen der Folgekulturen nach einer Gründüngung sind das Ergebnis des Zusammenwirkens verschiedener nachhaltiger Einflüsse auf Boden und Kulturpflanze.

Grundwasserschutz mit Gründüngungskulturen im Winter

Geschichte der Gründüngung

Von den Römern - bekannt als tüchtige Ackerbauern - ist uns überliefert, daß sie „grüne Saaten unterackerten“. Vergil nennt in seiner Georgica, dem Lehrgedicht über den Landbau, im Kapitel „Brache und Düngung“ die Hülsenfrüchte, Wicken und bitteren Lupinen.

Gründüngung ist ein jahrtausendealtes Verfahren des Landbaues.

Einen beachtlichen Stellenwert erreichte die Gründüngung, nachdem Hermann Hellriegel die wissenschaftliche Aufklärung der Stickstoffbindung durch Knöllchenbakterien der Hülsenfrüchte (Schmetterlingsblütler) in der zweiten Hälfte des 19. Jahrhunderts gelungen war. Verständlicherweise waren in den stickstoffarmen Kriegs- und Nachkriegsjahren Gründüngungen mit Schmetterlingsblütlern besonders gefragt. Mit steigendem Mineraldüngerverbrauch, insbesondere in der Zeit

Vor allem tiefwurzelnde Pflanzen sind wegen der bodenverbessernden Wirkung geschätzt.

Um 1920 enstand der bekannte Ausspruch: „Richtige Gründüngung bedeutet die fundamentale Hebung des gesamten Kraft- und Kulturzustandes eines Bodens."

des Wirtschaftsaufschwungs nach dem zweiten Weltkrieg, wurde die Gründüngung vernachlässigt. Nur im alternativen Landbau behielten Gründüngungsmaßnahmen uneingeschränkt die gebührende Bedeutung.
Heute sind mit Hilfe der landbaulichen Forschung die vielfältigen Leistungen der Gründüngung als Kulturverfahren weitgehend bekannt, und sie werden von allen Anbaurichtungen der modernen Garten- und Landbewirtschaftung in zunehmendem Maße genutzt. Die Erkenntnisse über die zahllosen Wechselbeziehungen der Gründüngung im komplizierten System Boden/Pflanze rechtfertigen unsere verstärkten Empfehlungen, auch für den kleinflächigeren Anbau. Vom Samenfachhandel werden zwischenzeitlich Gründüngungssaaten in handlichen Packungen angeboten, abgestimmt auf Flächengrößen und Bodenarten unserer Gärten. Erprobte Samenmischungen erleichtern die Anwendung. Beispielsweise enthalten die Fertigpackungen „Grünaktiv" - abgestimmt für schwere Böden - die Pflanzenarten Ölrettich, Lupinen, Ackerbohnen und Saatwicken, „Bodenkur-Grünhumus" neben Lupinen, Inkarnatklee und Phacelia und „Schnellgrüner" Klee, Weidelgras und Lupinen. Das Rotenburger-Kombi-Gemenge besteht dagegen nur aus Samen stickstoffsammelnder Pflanzenarten.

Begründete Empfehlungen auch für die Gründüngung im eigenen Garten

Erprobte Samenmischungen erleichtern die Anwendung.

Den Kleinpackungen sind ausführliche Kulturanleitungen beigefügt.

Eine Saatgutportion „Bodenkur-Grünhumus" reicht beispielsweise für 40 m² Gartenfläche. Auf leichten bis mittleren Böden können damit 150-200 kg Grünmasse erzeugt werden. Die Stickstoffbildung entspricht 5-6 kg eines Handelsdüngers.

Merkmale und Wirkungsmechanismen der Gründüngung

Gründüngung = Bodenverbesserung mit Pflanzen eigener Produktion

Die Gründüngung ist eine eigenständige Maßnahme der Humuswirtschaft mit der beachtenswerten Besonderheit, daß damit die Bodeneigenschaften mit Pflanzenmasse verbessert werden können, die der Boden selbst produziert hat. Die günstige Wirkung der Gründüngung auf das Erdreich ist in zwei Teilbereichen feststellbar. Bereits in der Anbauphase - werden von den frohwüchsigen Gründüngungspflanzen selbst tiefere

Bodenschichten durchwurzelt, vorhandene Nährstoffe verwertet beziehungsweise vor Auswaschungen bewahrt; Verdichtungen wird entgegengewirkt und insgesamt das Bodenleben aktiviert. Die geschlossene Pflanzendecke unterdrückt den Unkrautwuchs und schützt die Krume vor Verschlämmen bei starken Niederschlägen und vor Winderosionen.

Wirkungen sowohl während der Kulturzeit

In der Gründüngungsphase, nachdem die oberirdischen Pflanzenteile geschnitten sind, verrotten die Wurzeln und bieten dem Edaphon, das heißt der Gesamtheit der Bodenlebewesen, eine begehrte Nahrungsquelle. Es entsteht ein Labyrinth von Hohlräumen und damit eine verbesserte Durchlüftung des Oberbodens.

als auch in der Gründüngungsphase

Die oberirdischen Pflanzenteile der Gründüngung, gemulcht oder eingearbeitet, reichern zunächst den Boden beachtlich mit organischer Masse an. Das reiche Angebot organischer Stoffe entfacht in kurzer Zeit enorme Aktivitäten der verschiedenen Bodenorganismen. In der Tat kommt es bei einmaliger Gründüngung letztlich weniger zur Humusanreicherung der Böden; ihre Bedeutung liegt erstrangig in der Bodenaktivierung und organischen Düngung für die Folgekulturen. Dies ist auch die schlüssige Erklärung für die bekannten Erfolge von kleinflächigen Gründüngungsmaßnahmen in unseren Gärten.

Die meist unverholzte Grünmasse wird im Boden schnell abgebaut.

Bodenaktivierung und Düngeeffekt überwiegen.

Die verschiedenen Wirkungen der Gründüngung werden nachfolgend näher behandelt. Es handelt sich um:

1. Einfluß der Gründüngung auf das Bodengefüge,
2. Bedeutung der Gründüngung für Humushaushalt und Bodenleben,
3. Nährstoffdynamik und Gründüngung,
4. Pflanzenschutzwirkung der Gründüngung,
5. Unkrautentwicklung und Gründüngung,
6. Gründüngung als Bienen- und Insektenweide.

Einfluß der Gründüngung auf das Bodengefüge

Natürliche Tiefenlockerung durch Pflanzenwurzeln

Auf Böden mit verdichtetem Untergrund wird bekanntlich die Leistung von Kulturpflanzen deshalb geschmälert, weil sie zum Durchdringen der Wurzeln zusätzlich mehr Energie aufwenden müssen auf Kosten des Ertrages und/oder der Kulturzeit. Neben aufwendiger, mechanischer Tiefenlockerung kann mit Gründüngungsmaßnahmen eine biologische Bodenverbesserung erreicht und unerwünschter Grobschollenbildung vorgebeugt

Beachtliche Leistung der Tiefenlockerung im Zusammenwirken mit Bodentieren, zum Beispiel den Regenwürmern

werden. Unsere wichtigsten Gründüngungspflanzen besitzen ein ausgeprägtes Pfahlwurzelsystem, mit der Fähigkeit, Grab- oder Pflugsohlen zu durchstoßen. Gründüngung fördert den Regenwurmbesatz durch Schutz der Bodenoberfläche vor Austrocknung und durch reichliche Nahrungsnachlieferung. Regenwürmer ernähren sich bevorzugt von frisch abgestorbenen Pflanzenrückständen, die von ihnen nachts in tiefere Bodenregionen verfrachtet werden.

Regenwurmröhren sind recht beständig und teilweise bis zu 2 m tief. Fruchtbare Gartenböden können bis zu 2% aus Regenwurmgängen bestehen.

Die Regenwurmröhren bilden ein System von luftführenden Poren, das für eine geordnete, ausgeglichene Bodenatmosphäre verantwortlich ist. Der für den Abbau organischer Substanz sowie für die Wurzelatmung benötigte Sauerstoff und dabei freiwerdendes Kohlendioxyd erfordern nämlich ausreichenden Gasstoffwechsel. Gartenböden mit 25-30% Luftanteil sind erstrebenswert; unter 10% können Wachstumsstörungen nicht ausgeschlossen werden. Regenwurmgänge haben ferner die Funktionen der Wasserführung im Boden und bilden wertvollen Lebensraum für andere wichtige Kleintiere, zum Beispiel für Springschwänze und Milbenarten.

Pflanzenwurzeln wachsen bevorzugt in vorgefertigten Gängen, zum Beispiel in Regenwurmröhren, vor allem bei verdichteten Böden.

Ob ein Boden verdichtet ist oder unter Staunässe leidet, zeigen bestimmte Unkräuter, zum Beispiel Ackerschachtelhalm, Kriechender Hahnenfuß oder Ackerminze, deutlich an. Dagegen weisen Vogelmiere und Brennnessel auf humusreiche, durchwurzelbare Böden hin.

Die Empfehlung möglichst ganzjähriger Begrünung der Kulturböden beabsichtigt ferner den Schutz fruchtbaren Oberbodens vor Erosionen durch Wind und Verschlämmen nach starken Niederschlägen; beispielsweise bei Regenfällen über 1 mm/Minute sind Wasserabschwemmungen besonders in Hanglagen zu befürchten.

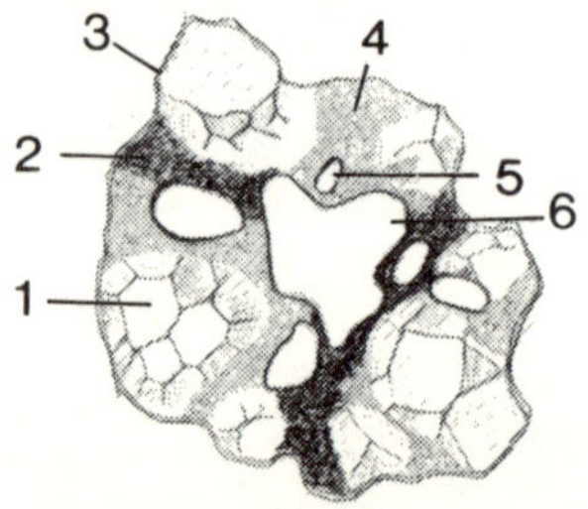

Krümelaufbau, schematisch dargestellt; 1 Gerüst, 2 Organismenkolonien, 3 Wasserfilm, 4 Ton- und Humuskolloide, 5 mittlere Poren, 6 Grobporen

Bewachsene Kulturflächen erlauben eine verbesserte Wasserinfiltration; gemeint ist die Wasseraufnahme des Bodens, also seine Wasserverdaulichkeit ohne Strukturschäden. Diese Eigenschaft bleibt auch in der Mulchphase der Gründüngung - vor allem in den Wintermonaten - noch deutlich erkennbar.

In diesem Zusammenhang sei auch auf die Bedeutung der Gründüngungsuntersaaten (siehe Seite 115) für höherwachsende Pflanzenarten hingewiesen.

Zu den bodenaufbauenden Vorteilen der Gründüngung zählt der günstige Einfluß auf die Krümelbildung des

Oberbodens. Bekanntlich entstehen die verhältnismäßig widerstandsfähigen Krümel durch Verkleben einzelner Bodenteilchen im Zusammenwirken von Bodenbakterien, -pilzen und Wurzelhaaren. Unter dem schützenden Blätterdach geschlossener Gründüngungsbestände sind die besten Voraussetzungen für die Erhaltung und eine Neubildung der Krümelstruktur gegeben. Eine verbesserte Wasser- und Luftführung in der Oberkrume begünstigt die Bodenerwärmung und die Aktivitäten der Mikroorganismen. Dieser angestrebte Idealzustand des Bodens wird als Bodengare bezeichnet; sie ist ein Maßstab für die Leistungsfähigkeit unserer Kulturböden.

Begünstigung der Krümelbildung

Die sogenannte Lebendverbauung des Bodens wird gefördert.

Bodengare als angestrebter Idealzustand

Bedeutung der Gründüngung für Humushaushalt und Bodenleben

Versuche haben ergeben, daß mit Gründüngungen allein, besonders auf leichteren Böden, keine nennenswerte Zunahme der Humusgehalte möglich war. Diese Tatsache stimmt mit den allgemeinen Erfahrungen überein, denn das in der Regel noch vor der Blüte geschnittene Grünmaterial ist eiweißreich und leicht zersetzbar. In den Boden eingebracht kommt es unter günstigen Boden- und Witterungsbedingungen zu einer kurzfristigen Massenvermehrung der Bodenorganismen und damit verbunden zu einem raschen, nahezu rückstandslosen Substanzabbau. Die Zersetzung der organischen Masse im Boden wird durch Bearbeitungsmaßnahmen sowie zusätzliche Kalk- und Stickstoffdüngung gefördert.

Je intensiver die Bewirtschaftung ist, desto lebhafter sind die biochemischen Umsetzungen beim Abbau organischer Stoffe im Boden.

Beim Substanzabbau werden Stickstoff und Kohlenstoff von den Bodenlebewesen verwertet. Stickstoff dient dem Aufbau des eigenen Körpereiweißes, Kohlenstoff als Energiequelle.

Die Zufuhr leicht zersetzbarer organischer Substanz durch Gründüngungsmaßnahmen oder Ernterückstände von Nutzpflanzen bewirkt also eine beachtlich höhere biologische Aktivität der Böden, bessere Verfügbarkeit von Pflanzennährstoffen und dadurch bedingt ein günstigeres Ertragsverhalten. Durch ein reichhaltiges Bodenleben allein wird keine vergleichbare Strukturverbesserung, wie mit Dauerhumus, erreicht, sondern nur eine zeitweilige Stabilisierung infolge Verklebungen von Bodenteilchen im Zusammenwirken mit Wurzelausscheidungen, Wurzelhaaren und Schleimstoffen. Nur durch jahrelange, wiederholte Gründüngungen läßt sich auch der Dauerhumusanteil von Kulturböden geringfügig steigern. Aus Weihenstephaner Versuchen ist be-

Eine regelmäßige Versorgung der Böden mit organischer Masse ist wichtiger als die absolute Menge.

kannt, daß nach 27 Jahren jährlicher Gründüngung eine Humusanreicherung in Lehmböden von nur 1% erzielt werden konnte. Da eine Erhöhung des Humusgehaltes unserer Gartenböden immer gefordert ist, sollten wir überlegen, ob dieses Ziel durch sachgerechte Kompostierung von Gründüngungspflanzen und Ernterückständen nicht schneller und sicherer erreichbar ist.

Empfehlenswerter Kompromiß: Gründüngung mit Gaben organischer Materialien kombinieren.

Als Kompromiß bliebe die Kombination der Gründüngung mit gehäckseltem Stroh, Stallmist oder anderen organischen Materialien. Gründüngungen allein oder auch die entsprechende Einbringung der Ernterückstände vermögen zumindest den Humuszustand unserer Böden zu erhalten.

Ergänzend sei vermerkt, daß die Gründüngung auch eine bevorzugte Nahrungsquelle für wühlende und lockernde Bodentiere bildet, die an der Bodenentwicklung maßgeblich beteiligt sind.

Gründüngung mit Ernterückständen; im Mittel von 36 Gemüsearten wurden festgestellt: eßbarer Anteil = 53%, Feldabfälle = 30% und Rückstände bei der Aufbereitung = 17%.

Die Anteile von nicht verzehrbaren Ernterückständen bei Nutzpflanzen müssen wir unterschiedlich bewerten. Soweit die Gemüseabfälle nicht an Kleintiere verfüttert werden, sind sie ein beachtliches Potential zur Gründüngung oder Kompostierung.

Um für einen intensiv bewirtschafteten Gartenboden die jährlichen Humusverluste auszugleichen, ist eine Stallmistgabe von 2,0 - 2,5 kg/m² erforderlich; das entspricht einer Gründüngergabe von etwa 5 - 7 kg/m². Als hochwertiger Stallmistersatz in Kombination mit Gründüngungsmasse wird heute rein organischer Horn- und Knochendünger verwendet.

Auf unseren Gartenböden sind Grünmasseerträge von 4-8 kg/m² erzielbar.

Nährstoffdynamik und Gründüngung

Arten mit tiefreichendem Wurzelwerk vermögen Nährstoffe auch aus den unteren Bodenschichten zu verwerten. Teilweise handelt es sich dabei um tiefenverlagerte, ausgewaschene Mineralstoffe aus Bodenvorräten, aber auch durch Wurzelausscheidungen mobilisierte Nährstoffe und Spurenelemente.

Auf dem Wege des Stoffwechsels, des Pflanzenaufbaues und der Rückführung in den Boden durch die Gründüngung, erfolgt die Mineralstoffverlagerung in den Oberboden. Diese Erkenntnis nutzt der Gärtner besonders durch die sogenannte Winterbegrünung seiner Felder, um Sickerverluste von Nitratstickstoff in dieser nieder-

Tafel 5
Oben links: Mulchen der Gartenwege (siehe Seite 84); oben rechts: Dauermulch zwischen Koniferen; unten links: im Wald ist ständig eine natürliche Mulchdecke vorhanden; unten rechts: mit Stroh gemulchtes Gemüsebeet.

schlagsreichen Jahreszeit weitgehend zu unterbinden. Dazu werden Gründüngungspflanzen mit bevorzugtem Stickstoffbindungsvermögen, hoher unter- und oberirdischer Wuchsleistung und Massebildung ausgewählt. Nach vorläufigen Ergebnissen der Forschungsanstalt Geisenheim eignen sich für diesen Zweck Roggen, Weizen, Winterrüben, Ölrettich, Winterackerbohnen, Roggen-Wickengemenge und Spinat. Mit dieser biologischen Konservierung des Stickstoffes sind einerseits Verluste des unverzichtbaren und teuren Nährstoffes zu vermeiden, zum anderen bewahren wir das Grundwasser vor Nitrateintrag und leisten damit einen aktiven Beitrag zum Umweltschutz.

Massebildung durch hohe ober- und unterirdische Wuchsleistung erwünscht.

Was bedeutet biologische Konservierung des Stickstoffes?

Ergänzend ist zu vermerken, daß Wurzeltiefgang und Durchwurzelung des Bodenraumes mit der Vegetationsdauer zunehmen. Kurzfristige Gründüngungskulturen, zum Beispiel als Zwischensaat, haben verständlicherweise eine geringere Wurzelraumerschließung. Sind in unseren Gärten Probleme mit Untergrundverdichtungen vorhanden, können wir geschickt die Gründüngung mit tiefwurzelnden Gemüsearten in der Fruchtfolgeplanung kombinieren.

Bei der Behandlung von Gründüngungsmaßnahmen und deren Auswirkungen auf die Nährstoffdynamik der Böden ist ferner zu beachten, daß durch freiwerdende organische Säuren beim Verrotten der Grünmasse ebenfalls kompliziert gebundene Mineralstoffe gelöst und pflanzenverfügbar gemacht werden können. Dies ist vor allem für den Phosphorhaushalt von Bedeutung.

Gründüngung und Bedeutung des Kalkes

Wesentlich sind schließlich die Zusammenhänge zwischen Gründüngung, Kalkhaushalt und pH-Wert des Bodens. Kalkgaben begünstigen nicht nur durch Erhöhung des pH-Wertes die Nährstoffaufnahme der Pflanzen, sie schaffen auch vorteilhafte Lebensbedingungen für Mikroorganismen, die pflanzliche Stoffe zersetzen.

Mit Gründüngungen und deren enormem Umsatz organischer Masse wird durch die beachtlich anfallenden Mengen von Kohlendioxyd der Kalkhaushalt besonders beansprucht. Denn dann wird Kalk im Boden besser in lösliches Bikarbonat überführt und leichter ausgewaschen (jährl. Kalkverlust bei uns: 50 g je m^2).

Es kann also sinnvoll sein, auf kalkkritischen Böden die Grünmasse nicht direkt einzuarbeiten, sondern vorher zu kompostieren.

Tafel 6
Oben links: gemulchte Beerensträucher (siehe Seite 80f.); oben rechts: gemulchte Baumscheiben im Obstgarten (siehe Seite 80f.); unten: Kompostplatz mit drei Mieten, einer zum Sammeln, der zweiten zum Verrotten und der dritten zum Lagern

Stickstoffsammelnde Leguminose; links: Bohne mit Knöllchen an den Wurzeln, Mitte: vergrößertes, stickstoffsammelndes Wurzelknöllchen, rechts: Wurzelzelle mit Rhizobium-Bakterien

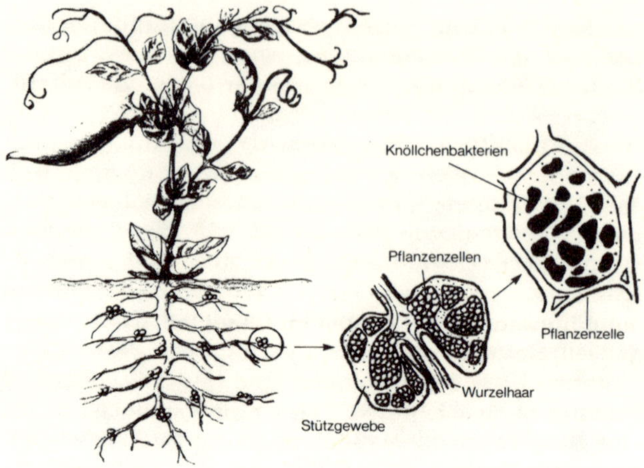

Interessante Lebensgemeinschaft schmetterlingsblütiger Pflanzen mit stickstoffsammelnden Knöllchenbakterien

Ein äußerst interessantes Kapitel der Nährstoffgewinnung durch Gründüngungsmaßnahmen ist der Anbau von stickstoffsammelnden Pflanzenarten. Einzigartig ist die Lebensgemeinschaft (= Symbiose) der Schmetterlingsblütler, zum Beispiel der Bohnen, Erbsen, Wicken, Klee und Lupinen, mit den Knöllchenbakterien (Rhizobium leguminosarum). Die Bakterien dringen durch die Wurzelhaare in die Rindenschicht der Wurzeln ein und veranlassen die Pflanze zu knöllchenförmigen Gewebewucherungen. Die Pflanze baut sozusagen eine schützende Wohn- und Wirkungsstätte für die symbiotischen Bakterien. Sie versorgt sie zudem mit Assimilaten zur Energiegewinnung. Die Knöllchenbakterien vermögen Stickstoff aus der Luft zu binden und ihrer Wirtspflanze zur Verfügung zu stellen (siehe Abbildung).

Die Phase mit der höchsten Stickstoffgewinnung der Bakterien deckt sich mit der des größten Stickstoffbedarfes der Wirtspflanze.

Zunächst werden die Rhizobium-Bakterien von der Pflanze ernährt. Es folgt eine starke Vermehrung, und wenn sich die stäbchenartigen Bakterien zu gelappten oder y-förmigen Gebilden, den sogenannten Bakterioden, umwandeln, beginnt die Stickstoffgewinnung.

Bei Erbsen zum Beispiel wird die Stickstoffproduktion nach der Blüte allmählich eingestellt, und die Bakterioden verwandeln sich wieder in stäbchenartige Bakterien.

Je m^2 Gartenboden können 10-20 g Stickstoff aus der Luft organisch gebunden werden.

Die Menge der Stickstoffbindung ist abhängig von der Mineralstoffversorgung, dem Lufthaushalt des Bodens sowie von Wärme und Feuchtigkeit. Der organisch gebundene Stickstoff durch die Rhizobium-Bakterien wird während des Zersetzungsprozesses der organischen Masse „langsamfließend pflanzenverfügbar" für die Folgekulturen.

Ist eine zusätzliche Düngung von Gründüngungspflanzen sinnvoll? Wollen wir die besonderen Eigenschaften der Gründüngung voll nutzen, nämlich die Erschließung schwerlöslicher Mineralstoffe und Spurenelemente und die Stickstoffbindung mit Knöllchenbakterien, ist eine Zusatzdüngung auf Gartenböden nicht unbedingt notwendig. Wir sollten im Gegenteil, wie im alternativen Gartenbau üblich, die Besonderheiten dieser Kulturmethode bewußt nutzen und in der Fruchtfolgeplanung berücksichtigen. Die Gründüngung ist sogar eine ausgezeichnete Maßnahme, durch Bildung von organischer Masse nicht nur Verlusten von Nährstoffen - auch in tieferen Bodenschichten - entgegenzuwirken, sondern diese auch in biologisch hochwertigere Formen umzuwandeln.

Bei den massenwüchsigen Gründüngungspflanzen lassen sich die Flächenerträge durch organische und mineralische Zusatzdünger beachtlich steigern.

Unsere Gartenböden sind meist nährstoffreich oder sogar überversorgt.

Die oberirdische Grünmasse einer Leguminosen-Gründüngung von 400 g Trockensubstanz je m² enthält biologisch gebunden folgende Reinnährstoffe: 15 g Stickstoff, 5 g Phosphorsäure, 18 g Kalium, 10 g Kalzium und 2 g Magnesium. Diese Nährstoffmengen können von der nächsten Folgekultur bereits bis zu 50% verwertet werden.

Der Nährstoffzugewinn einer Gründüngung ist bei der Düngerbemessung zu berücksichtigen.

In der Landwirtschaft werden durch eine Gründüngung DM 70 - 100,- - pro ha für den Stickstoffgewinn eingespart. Bei Kreuzblütlern liegt der Ertrag bei DM 50 - 200,- -.

Pflanzenschutzwirkungen der Gründüngung

Neuere Erkenntnisse der Landbauforschung zeigen die Wirkungen organischer Düngung, im besonderen der Gründüngung, differenzierter und aufschlußreicher. Für die verschiedenen bakteriellen und tierischen Krankheitserreger wurde in den letzten Jahrzehnten eine Reihe natürlicher Feinde identifiziert. Verbesserung der Lebensbedingungen für die Mikroorganismen bedeutet im allgemeinen, jene Schwachstellen auszuschalten, die Krankheiten fördern und die Kulturpflanzen beeinträchtigen können.

Je belebter ein Boden ist, desto mehr nehmen die Gegenspieler von Krankheiten zu.

Die Zusammenhänge zwischen Bodenverbesserungs-

Kapuzinerkresse unter Obstbäumen soll Blutläuse abwehren.

maßnahmen und Krankheitsbefall lassen sich also zunächst mit indirekten Wirkungen erklären. Neben den verstärkten Lebensäußerungen des Bodens, Bildung bodenbürtigen Kohlendioxyds, Fermenten und anderen Stoffwechselprodukten sind ein ausgeglichener Humushaushalt, Erhaltung des pH-Wertes und günstige Nährstoffverfügbarkeit sowie die Förderung der natürlichen Widerstandskräfte der Gewächse ausschlaggebend.
Beispielhaft für direkte Einwirkungen von Gründüngungsmaßnahmen auf das Krankheitsgeschehen ist die biologische Bekämpfung von schädigenden Nematoden. Holländische Forscher konnten feststellen, daß die Wurzeln bestimmter Pflanzenarten wasserlösliche Stoffe ausscheiden mit einer Reizwirkung auf die Dauerformen der Nematoden. Dadurch werden die Eier dieser abgekapselten Gebilde, der sogenannten Zysten, zum Schlüpfen angeregt. Die Jungnematoden versuchen zwar, in die Wurzeln der Gründüngungspflanzen einzudringen, können sich aber wegen ungeeigneter Nahrung nicht weiterentwickeln. Feindpflanzen für Nematoden sind: Tagetes (Tagetes patula nana), Ringelblumen, Zichorienarten, auch Zuckerhutsalat, Luzerne und Mais. Für die Landwirtschaft wurden inzwischen neue Ölrettichsorten gezüchtet, die den Schlupf der gefürchteten Rübennematoden fördern und den Schädlingsbesatz angeblich um 60-80% verringern können. Ähnliche Wirkungen sind bei Ölrettichsorten gegen freilebende Fadenwürmerarten festgestellt worden, die den Tabak-Rattle-Virus übertragen und damit die Eisenfleckigkeit und Stippigkeit der Kartoffeln verursachen.
Bemerkenswert ist ein weiterer Effekt der Gründüngung zur Reduzierung schädlicher Nematoden im Boden. Verschiedene, teils häufig auftretende Unkräuter, wie zum Beispiel Vogelmieren, sind beliebte Nahrungspflanzen für schädliche Nematodenarten. Durch die bodendeckende, dominierende Gründüngungssaat wird der Unkrautwuchs jedoch nahezu vollständig unterdrückt und damit diesen Fadenwürmern jegliche Entwicklungsmöglichkeit entzogen.
Gründüngungskulturen regen im Boden auch Dauersporen von krankheitserregenden Pilzen zum Auskeimen an, die dann ohne Wirtspflanzen absterben müssen.
Ergänzend soll auf den Effekt der Schädlingsabwehr

durch Trenn- oder Zwischenkulturen der Gründüngung hingewiesen werden; beispielsweise helfen gegen Schnecken Senf oder Kapuzinerkresse, gegen Erdflöhe Spinat oder Kresse. Unter Obstbäumen, auf den Baumscheiben angebaut, soll die Kapuzinerkresse Blutläuse abwehren; Steinklee wirkt gegen Feld- und Wühlmäuse.

Nachbauprobleme durch Unverträglichkeiten vermeiden.

Um eventuelle Nachteile von Gründüngungsmaßnahmen vor allem durch Nachbauprobleme zu vermeiden, ist die Kenntnis der Zusammenhänge wichtig. Im Vergleich zur Landwirtschaft bauen wir in unseren Nutzgärten eine Vielzahl von Pflanzenarten an. Gemüse- und Gründüngungspflanzen gehören vielfach zu den gleichen Pflanzenfamilien (siehe Seite 135f.). In solchen Fällen gilt es bekannte Unverträglichkeiten in der Fruchtfolgeplanung zu berücksichtigen. Seltener sind Nachbauprobleme bei Pflanzen aus verschiedenen Familien. Zum Beispiel fördern Kreuzblütler schädliche Nematoden der Meldengewächse, die deshalb nicht zur Gründüngung von Spinat, Mangold und Roten Beten angebaut werden sollen. Im Gemüsegarten ist die Kohlhernie eine der gefürchtetsten und schwer bekämpfbarsten Krankheiten. Bei Fruchtfolgen mit verstärktem Kohlanbau - wobei wir ausnahmslos alle Kohlarten berücksichtigen müssen - und bei akuter Kohlherniegefahr aufgrund ungünstiger Bodenvoraussetzungen, sind Gründüngungspflanzen aus der Familie der Kreuzblütler strikt zu meiden. Das gilt auch für Senf, der selbst an Kohlhernie erkranken und das Risiko der Krankheitsverbreitung vergrößern kann.

Steinklee soll Feld- und Wühlmäuse abwehren.

Zweckmäßige Verwendung von Gründüngungspflanzen, die mit Nutzpflanzen nicht verwandt sind.

Im Hinblick auf Nachbauprobleme sind Pflanzenarten am besten für Gründüngungszwecke geeignet, die mit unseren Gartennutzpflanzen nicht verwandt sind, zum Beispiel *Phacelia tanacetifolia*, der Bienenfreund.

Mit der Gründüngung kann man Schwachstellen der Böden ausgleichen.

Für die Gründüngung in Dauerkulturen wird zur Erhaltung der Bodengesundheit zudem eine wechselnde Verwendung verschiedener Pflanzenarten empfohlen. Überlegte Kulturfolgegestaltung und der zweckvolle Einbau von Gründüngungsmaßnahmen können insgesamt gesehen Schwachstellen der Bodeneigenschaften zumindest teilweise ausgleichen beziehungsweise überbrücken. Blattreiche Gründüngungspflanzen mit hoher Verdunstungsleistung vermögen nasse Böden zu entwässern.

Unkrautentwicklung und Gründüngung

Mechanische Maßnahmen der Unkrautbekämpfung unterstützen.

Chemische Unkrautbekämpfungen sind selten in unseren Gärten. Die überwiegend mechanischen Maßnahmen können durch zweckmäßige Gründüngungen unterstützt werden. Die Beeinträchtigung der Unkrautentwicklung erfolgt dabei auf verschiedene Weise. Am bekanntesten ist die Verdrängung der Unkrautkonkurrenz durch rasches Keimen und lückenlosen, schnellen Massenwuchs der Gründüngungspflanzen.

Kreuzblütige Gründüngungspflanzen keimen rasch und entwickeln sich in der Jugend schnell.

Durch helfende Kulturmaßnahmen, zum Beispiel sorgfältige Vorbereitung des Saatbeetes, Startdüngung und Wässern in Trockenzeiten, können wir den Effekt der Unkrautunterdrückung fördern. Bei diesen Überlegungen ist zu berücksichtigen, daß im Saataufgang und in der Jugendentwicklung Kreuzblütler und Weidelgräser den Leguminosen, mit Ausnahme des rascher wachsenden Perserklees, überlegen sind.

Die biologische Unkrautbekämpfung durch Gründüngungspflanzen ist kaum bekannt.

Weniger untersucht sind die biologische Unkrautbekämpfung und die herbizide Wirkung von Gründüngungspflanzen auf verschiedene Unkräuter. Dabei werden Ausscheidungen der Wurzeln während der Kultur und bei der Zersetzung der Grünmasse vermutet, die beeinträchtigend auf die Unkrautentwicklung wirken. Bemerkenswert sind Beobachtungen über den unkrauthemmenden Effekt von Gründüngungen mit Kreuzblütlern auf Ackersenf und Hederich aus der gleichen Pflanzenfamilie. Zur Bekämpfung von Ungräsern waren Gründüngungsmaßnahmen mit Kulturgräsern erfolgversprechend wirksam. Sogar lästige Verunkrautung mit Quecken ließ sich mit Einjährigem Weidelgras als Gründüngung unterbinden. Diese praktische Feststellung konnte zwischenzeitlich durch exakte Gefäßversuche bestätigt werden.

Gründüngung als Bienen- und Insektenweide

Unübertroffene Bienenweidepflanze ist Phazelia.

Die Kreuzblütler Senf, Raps und Ölrettich sind ausgezeichnete Pollenspender.

Die Mehrzahl unserer Gründüngungspflanzen bietet Bienen, Hummeln und vielen anderen nützlichen Insekten ergiebige Nahrungsquellen mit Nektar und Pollen. Vor allem Kleearten, aber auch Wicken und Ackerbohnen, Sonnenblumen und Buchweizen sind bevorzugte Bienentrachtpflanzen. Die Imker sehen Gründüngungsbestände auf Äckern und in unseren Gärten mit Wohlwollen, weil sie nicht mit Pflanzenschutzmitteln behandelt sind und deshalb ihre Schützlinge nicht gefährden. Für die ökologische Bewertung von Gründüngungsflächen sind blühende Bestände ab Hochsommer besonders wichtig, weil bis in den Herbst hinein das allgemeine Blütenangebot in Feld und Wald rückläufig ist. Haben die Jungbienen in dieser Zeit genügend Pollennahrung, können sie mit ausreichendem Eiweiß-Fettpolster den folgenden Winter sicher überstehen.

Spätblühende Gründüngungskulturen mit besonderer ökologischer Bewertung

Interessant als Bienen- und Insektenweiden sind natürlich diejenigen Pflanzenarten, die bereits nach kurzer Kulturzeit zu blühen beginnen und längerfristig ergiebige Nahrung garantieren; zum Beispiel können Phazelia und Senf bereits nach sechs bis acht Wochen voll erblühen.

Gründüngung in alternativen Gärten

Bei allen Systemen der alternativen Gartenbewirtschaftung spielt die Gründüngung eine unumstrittene Rolle.

Gründüngung im biologisch-dynamischen Garten

Beachtlich ist der Stellenwert von Leguminosen, die als Gründünger im biologisch-dynamischen Gartenbau einen festen Platz in der Kulturfolge haben. Dabei ist die natürliche Eigenversorgung mit Luftstickstoff von besonderer Bedeutung (siehe Seite 104). Die geschnittenen oberirdischen Pflanzenteile des Gründüngers werden methodengerecht kompostiert.

Im biologisch-dynamischen Gartenbau wird die Leguminosen-Gründüngung hoch bewertet.

Gründüngung im organisch-biologischen Garten

Im organisch-biologischen Garten nimmt im Idealfalle die Gründüngung ein Viertel der Gesamtnutzfläche ein. Die Bestellung beginnt in der Regel im April, und die Kultur dauert das ganze Jahr. Besonders bevorzugt wird Perserklee, allein oder im Gemenge zum Beispiel mit 10% Hafer. Sobald die Bestände 15-20 cm hoch sind, wird gemäht und das Mähgut zur Flächenbedeckung der anderen Beete verwendet; normal sind vier bis fünf Mähtermine. Nach der letzten Mahd im Spätherbst bleibt die Grünmasse an Ort und Stelle liegen. Der nicht

Die Pflanzenmasse aus Gründüngung dient zur Flächenbedeckung (Mulchen) der anderen Beete im organisch-biologischen Garten.

winterfeste Perserklee erfriert und hinterläßt ein leicht bearbeitbares Beet im Frühjahr zur Bestellung der Nutzpflanzen. Bei geringer Flächenverfügbarkeit wird die Gründüngung immer sofort auf freiwerdenden Beeten als Zwischenkultur bis Anfang September durchgeführt, und zwar bevorzugt mit Alexandriner Klee.

Zwischenkultur mit Kichererbsen

Ergänzend ist noch die Verwendung von Kichererbsen zur Gründüngung zwischen bestehenden Reihen, zum Beispiel von Kohl oder Sellerie, erwähnenswert, die bis zum Spätherbst verbleiben. Die Kichererbsen bedecken den Boden, ohne die Gemüsekultur zu beeinträchtigen.

Gründüngung im makrobiotischen Garten

Systematische Gründüngung im Fruchtfolgeplan der Makrobioten

Im makrobiotischen Gartenbau stehen im Rhythmus von acht Jahren - besser allerdings von vier Jahren - in der Fruchtfolge Gründüngungen mit Schmetterlingsblütlern. Die Gründüngungsmasse wird eingegraben, und eine genaue Kulturfolge der Gemüsearten danach ist zu beachten. Die Fruchtfolge sieht im ersten Jahr nach der Gründüngung gräserartige Pflanzen, zum Beispiel Mais oder Getreide, vor. Im zweiten Jahr baut man Wurzelgewächse oder Kartoffeln an, und im dritten Jahr folgen ölhaltige Pflanzen. Im vierten Jahr kommen wieder Schmetterlingsblütler als Gründüngung oder Gemüse an die Reihe.

Gründüngung im Mazdaznan-Garten

Senf als bevorzugte Gründüngungspflanze der Mazdaznan-Methode

Der Mazdaznan-Gartenbau bevorzugt Senf als Gründüngungspflanze, weil er nicht nur zusätzlich der Schneckenabwehr dient, sondern auch Grauschimmel verhindern soll. Bekannt ist hier die Senfsaat zwischen den Erdbeerreihen. Sind die Pflanzen etwa 10 cm hoch, werden sie herausgezogen und flach eingearbeitet.

Gründüngung im veganistischen Garten

Vor allem Wicken zur Gründüngung und Kompostbereitung

Im veganistischen Garten dominiert die regelmäßige Verwendung von Wicken zur Gründüngung. Dabei werden die Grünteile zur Kompostierung abgemäht und nur die verbleibenden Wurzelteile der Wicken zur direkten Bodenverbesserung genutzt.

Gründüngung nach dem Verfahren Lemaire-Boucher und Howard-Balfour

Beim Verfahren Lemaire-Boucher gehören vor allem Schmetterlingsblütler für Nach- und Zwischenkulturen zum Gründüngungsprogramm. Ähnliches gilt für die weltweit bekannte Methode nach Howard-Balfour mit der Bevorzugung von stickstoffsammelnden Leguminosen in der Fruchtfolgegestaltung.

Praxis der Gartengründüngung

Praxis der Gründüngung.
1 Sorgfältig vorbereitetes Saatbeet mit Gründüngungssamen, die breitwürfig gesät wurden.
2 Blühende Pflanzen.
3 Nach dem Abmähen und Zerkleinern läßt man die Gründüngungsmasse anwelken und arbeitet sie dann nicht zu tief ein.

Auch die erfolgreiche Gründüngung erfordert Sorgfalt in der Kultur.

Soll eine Gründüngung im Garten voll befriedigen, müssen wir sofort nach dem Abernten der Vorkultur – ebenso sorgfältig wie bei unseren Nutzpflanzen – den Boden für die Saat vorbereiten. Je feiner die Samen, desto krümeliger soll das Saatbeet sein. Wesentlich ist die richtige Bemessung der Samenmenge je Flächeneinheit, um eine ausreichende Bestandsdichte und Massenproduktion zu erreichen. Andererseits können zu hohe Aussaatmengen das Anbauergebnis beeinträchtigen, weil den Einzelpflanzen nicht genügend Raum für ihre Entwicklung zur Verfügung steht. Deshalb sollen wir die Empfehlungen über Saatmengen (siehe Seite 133 ff.), Angaben auf Verkaufspackungen und praktische Erfahrungen sorgfältig berücksichtigen. Für die richtige Saattiefe gilt der Grundsatz, daß wir die Saat nur bis zum zwei- bis dreifachen der Samendicke bedecken dürfen. Auf leichteren Böden soll etwas tiefer als auf schweren Böden gesät werden. Bei Senf genügt breitwürfige

Empfehlungen für Aussaatmengen

Auf richtige Saattiefe achten.

Gebrauchte Flachfolien oder Vliese – kurzfristig aufgelegt – schützen und beschleunigen die junge Saat.

Aussaat ohne Einarbeiten, wenn die Bodenoberfläche genügend feucht ist oder mit einer Flachstrohhäckselschicht bedeckt wird. Die feinen Samen der Phazelia sind ausgesprochene Dunkelkeimer. Sie müssen deshalb eingeharkt oder mit einer flachen Erdschicht bedeckt werden.

Startstickstoff fördert die Jugendentwicklung der Schmetterlingsblütler.

Für Schmetterlingsblütler wird häufig eine geringe Stickstoffgabe - umgerechnet bis zu 10 g Reinstickstoff (= 50 g eines handelsüblichen Stickstoffdüngers) je m^2 - vorgesehen, bis mit Hilfe der Knöllchenbakterien die eigene Stickstoffversorgung gesichert ist. Wenn auf Grundstücken lange Zeit keine schmetterlingsblütigen Pflanzenarten angebaut wurden oder bei Gartenneuanlagen mit Bauaushub aufgeschüttete Böden zu kultivieren sind, empfiehlt sich eine Saatgutbehandlung, bekannt als Impfung der Leguminosensamen mit Knöllchenbakterien. Impfpräparate können über Samenfachgeschäfte bezogen werden.

Impfung des Saatgutes mit Knöllchenbakterien

Im allgemeinen sind die häufigsten Gründüngungspflanzen bescheiden in ihren Ansprüchen an den Wasserbedarf. Trotzdem wirken zusätzliche Wassergaben in Trockenperioden vorteilhaft auf die Massenentwicklung.

Unterschiedliche Kulturzeiten und Anbaueignung

Die kreuzblütigen Gründüngungspflanzen und Phazelia bringen bereits nach sechs Wochen beachtliche Erträge, Perserklee, Lupinen und Sonnenblumen nach drei Monaten. Erstere sind deshalb nicht nur für Vor- und Nachkulturen geeignet, sondern auch zur sinnvollen Überbrückung von Zwischenzeiten. Nicht selten wird beispielsweise nach den ersten Anbausätzen im Frühjahr, also nach Radies, Frührettich, Spinat oder Feldsalat, die Einsaat von Perserklee empfohlen. Die verfügbare Zeitspanne bis zum Beginn der Wintergemüsekulturen genügt für eine solche Zwischengründüngung. Nach Mitte September reicht die Zeit im allgemeinen nicht mehr für eine ausreichende Grünmassebildung aus.

Nach dem Abmähen anwelken lassen, nicht zu tief und gleichmäßig verteilt einarbeiten.

Nach dem Abmähen und vor der gleichmäßigen, nicht zu tiefen Einarbeitung lassen wir die Gründüngungsmasse zunächst anwelken. Weil die Umsetzung der organischen Masse wesentlich von einer genügenden Sauerstoffversorgung abhängt, dürfen wir sie nicht tief vergraben und besonders auf schweren Böden nur flach in den Boden einmischen. Eine gelungene Gründüngungsmaßnahme lockert den Boden derart, daß für die Vorbe-

Sperriges und verholztes Material wird für eine bessere Saat- und Pflanzbeetbereitung zerkleinert.

Vorschlag für einen Anbauplan nach Dr. Paul Seitz (16 Beete 1,2 m x 5 m = 6 m²)

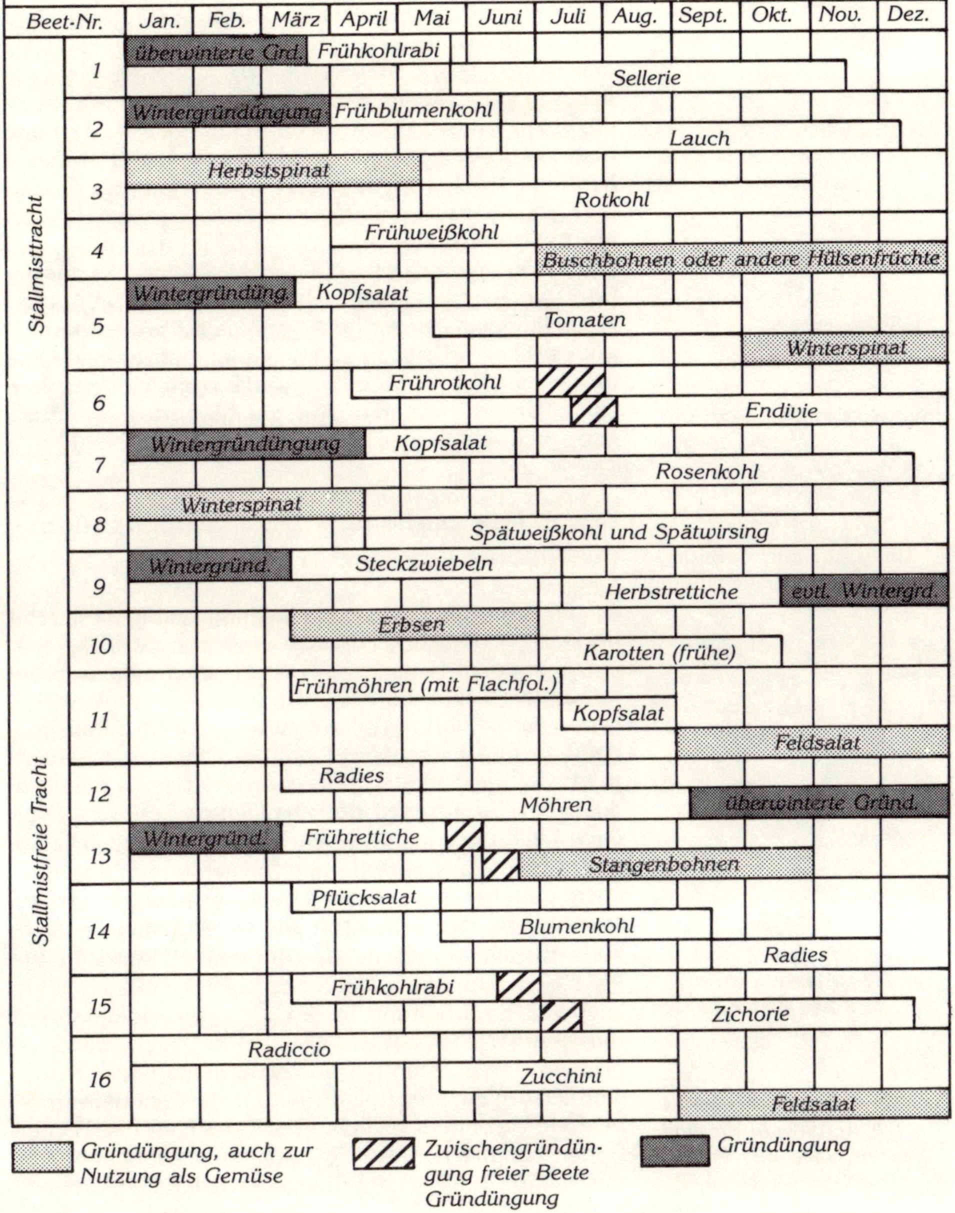

Senf (links und rechts) als Reihengründüngung und Trennkultur zwischen Bohnen hilft Schnecken abwehren.

reitung der Folgekulturen nur ein Bruchteil des sonst üblichen Arbeitsaufwandes notwendig ist.
Tüchtige Anbauer verstehen mit Gründüngungsmaßnahmen geschickt zu variieren und kombinieren. Neben der vorhergehend beschriebenen, üblichen Methode des Anbaues und der Verwendung können zum Beispiel die oberirdischen Grünteile an Kleintiere verfüttert und über Stallmist verwertet werden; oder die Grünmasse kann auf Haufen verkompostiert beziehungsweise zerkleinert zum Flächenkompostieren benachbarter Kulturen Anwendung finden.
Auf der eigentlichen Gründüngungsfläche wird nur der Durchwurzelungs- und Bodenaktivierungseffekt mit der verbleibenden Wurzelmasse genutzt. Selbstverständlich gilt es schon während der Anbauplanung zu überlegen, ob die gleichen Gründüngungseffekte nicht auch durch Nutzpflanzen mit tiefem Wurzelungsvermögen und hohem Vorfruchtwert zu erreichen sind.

Besonders erwähnenswerte Gründüngungsmaßnahmen

Zu den Besonderheiten der Gartengründüngung zählt die Begrünung und Belebung strukturgeschädigter, durch Baumaßnahmen verdichteter oder aufgeschütteter Böden. Nach dem Einplanieren bis zur Verwirklichung der Gestaltungspläne, zum Beispiel bei Hausneubauten, eignen sich Gründüngungseinsaaten, vor allem mit Leguminosen oder Gelbsenf, von April bis Ende August. Das Einmischen der Pflanzenteile erfolgt in solchen Fällen bevorzugt durch Einfräsen zur gleichzeitigen Bodenvorbereitung, beispielsweise für Rasenflächen, Stauden-, Strauch- und Baumpflanzungen. Bei extremen Bodenverhältnissen sollten wir nach Möglichkeit im ersten Jahr nur Gründüngungspflanzen anbauen.

Reihengründüngung

Für den Nutzgarten mit starkem Mischkulturanbau ist die Reihengründüngung erwähnenswert. Sie dient nicht nur zum Überbrücken von Zwischenzeiten bis zur Neubestellung, sondern auch bewußt zur Förderung der

Kulturpflanzen der Nachbarreihen. Zum Beispiel sind Kapuzinerkresse neben Kartoffeln und Tomaten, Kamille neben Lauch, Ringelblumen neben Möhren, Dill neben anderen Doldenblütlern, Senf neben Kartoffeln und Spinat neben nahezu allen anderen Gemüsearten empfehlenswert. Im Mischkulturgarten können Erdbeeren in schon geräumte oder noch bestehende Senfreihen gepflanzt werden.

Untersaaten

Untersaaten mit Gründüngungspflanzen in höherwachsenden Gemüsekulturen, wie zum Beispiel Zuckermais und Tomaten, sind seit vielen Jahren auch im Obstbau einschließlich Strauchbeerenobst erprobt und bewährt.

Untersaaten sind bei Gemüse kurzfristige, bei Obstkulturen langfristige Maßnahmen.

Dauerbegrünung

Im Erwerbsobstbau hat sich die Dauerbegrünung mit Graseinsaaten durchgesetzt. Um eine bessere, zusätzliche natürliche Stickstoffversorgung zu erreichen, werden Beimischungen mehrjähriger Kleearten künftig mehr Bedeutung erlangen. Die Erschwernisse der Pflanzenschutzbehandlungen durch blühende Kleebestände sind durch eine vermehrte Anzahl von Mulcharbeitsgängen zu verhindern.

Zugewinne bis 1 kg Reinstickstoff je 100 m^2 und Jahr sind durch Kleetep-pich-Gründüngung möglich.

Nach jahrzehntelangen Erfahrungen mit Dauerbegrünungen im Obstbau wissen die Anbauer heute, daß mit dieser Kulturmaßnahme erfolgreich der gefürchteten Bodenmüdigkeit vorgebeugt werden kann.

Bei Neuanlagen von Obstgärten wird der Boden vorteilhaft mit einer Gründüngung vorbereitet.

Für die Gründüngung bei Beerenobst wird exemplarisch auf Einsaat von stickstoffsammelnden Kleearten zwischen den Himbeerreihen hingewiesen. Flach wurzelnder Weißklee beschattet vorteilhaft den Boden. In warmen Klimagebieten kann nach Expertenmeinung Gelbklee im Verhältnis 2:1 zugemischt werden. Für Sandböden wird Serradella empfohlen, die vor der Blüte gemulcht werden soll. Im Beerenobstbau dominiert das Mulchen mit organischen Materialien, die nicht zuletzt aus Gründüngungsmaßnahmen stammen können.

Flachwurzelnde Gründüngungspflanzen sollte man für Strauchbeerenobst wählen.

Für den Garten- und Nebenerwerbsanbau bleibt noch die Erwähnung der Baumscheibenbegrünung, die gleichzeitig auch der Abwehr von Schaderregern wie Blut- und Blattläusen sowie Nematoden dienen soll. Ver-

Kapuzinerkresse, Tagetes und Ringelblume als Schädlingsabwehrpflanzen

wendet werden neben Kapuzinerkresse Tagetes und Ringelblumen. Diese einjährigen Pflanzen lassen wir blühen und an Ort und Stelle aussamen; über Winter bleibt die Pflanzenmasse zerhackt oberflächlich liegen.

Kombination der Gründüngung mit anderen Maßnahmen

Ergänzend sei erwähnt, daß die Gründüngung mit allen anderen organischen Düngungsmaßnahmen sinnvoll kombinierbar ist. Nachahmenswert ist die Kombination von Häckselmulch mit Gründüngungsaussaat. Nicht nur Strohhäcksel, sondern auch anderes Gartenhäcksel, das zunehmend mehr zur Verfügung steht, ist dazu vortrefflich geeignet. Auch die Verwertung von Gesteinsmehlen und deren Einführung in den Kreislauf Gartenböden und Pflanzenproduktion ist vorteilhaft über die Gründüngung möglich.

Selbst begrünen oder verunkrauten lassen

Vor allem auf leichteren Böden ist Gründüngung durch Verunkrauten-lassen mit einjährigen Samenunkräutern empfehlenswert.

Bei der Bewertung der Gründüngung darf vergleichsweise die natürliche Bodenbegrünung durch Verunkrauten nicht unbeachtet bleiben. Das Erschließungsvermögen dieser meist heimischen Wildpflanzen ist unbestritten. An dem mengenmäßigen Vorkommen können wir wesentliche Bodeneigenschaften erkennen.

Bei Selbstbegrünung reicht die Grünmasse meist nicht aus, um den jährlichen Humusabbau auszugleichen.

Das Selbstbegrünen oder Verunkrautenlassen als Gründüngungsmaßnahme ist dann akzeptabel, wenn keine oder nur geringfügig Wurzelunkräuter vorhanden sind, wenn vor dem Aussamen gemulcht wird und wenn Saatgutkosten eingespart werden sollen.

Begrünung von Hügelbeeten

Als Sondermaßnahme der Gründüngung ist die Begrünung von Hügelbeeten im ersten Jahr nach ihrer Anlage zu bezeichnen. Durch den Massenwuchs werden die Materialschichtungen intensiv durchwurzelt, reichlich vorhandener Stickstoff verarbeitet und die Rottevorgänge nachhaltig aktiviert. Die gewonnene Grünmasse dient hier weiteren Zwecken der Kompostierung oder des Mulchens. Für die Nachfolgekulturen auf Hügel-, Hoch- und Bankbeeten sind dann im allgemeinen keine außergewöhnlich hohen Nitratanreicherungen bei Gemüse- und Kräuterarten zu befürchten.

Die gewonnene Grünmasse dient zur Kompostbereitung und zum Mulchen.

Winterbegrünung

Auf die Bedeutung der Winterbegrünung gärtnerischer Nutzflächen mit frostharten Pflanzenarten, zur sogenannten biologischen Konservierung von Nährstoffen und zum Schutz des Grundwassers vor eventueller Nitratanreicherung, wurde bereits hingewiesen (siehe Seite 100 ff.).
Wenn die Pflanzenmasse zumindest teilweise zum Verzehr genutzt werden soll, haben Feldsalateinsaaten im Garten nach wie vor Bedeutung.

Spinat und Feldsalat als überwinternde Gemüse- und Gründüngungspflanzen

Wichtige Gründüngungspflanzen für den Garten

Die bekanntesten Gründüngungspflanzen gehören überwiegend zu den Pflanzenfamilien der Schmetterlingsblütler und Kreuzblütler. Nachfolgend wird bei den bevorzugten Pflanzenarten für die Gründüngung auf die charakteristischen Merkmale und Anwendungsbesonderheiten hingewiesen.

Schmetterlingsblütler (Leguminosen)

Bekannt ist ihre außergewöhnliche Fähigkeit, mit Hilfe der Knöllchenbakterien Stickstoff aus der Luft in pflanzenverfügbare Formen zu überführen (siehe Seite 104).
Andere Arten dieser Familie sind anspruchslose Pionierpflanzen, die auf unfruchtbaren Standorten, zum Beispiel nach Aufschüttungen von Baugrundstücken, beginnen, die Böden zu beleben und auf ihre künftige Gartenverwendung vorzubereiten.

Das meist tiefgehende Wurzelwerk vermag schwere und verdichtete Böden zu durchdringen, lockern und erschließen.

Massenerträge und Stickstoffgewinnung sind selbstverständlich dann am höchsten, wenn bereits im Frühjahr und nicht erst im Spätsommer ausgesät werden kann. Berücksichtigen wir den unterschiedlichen Saatgutbedarf je Quadratmeter und den Saatgutpreis, können Gründüngungen mit Leguminosen nennenswert teurer sein, verglichen beispielsweise mit verschiedenen kreuzblütigen Pflanzenarten.

Bei den Leguminosen sind einjährige, abfrierende und winterfeste Arten zu unterscheiden.

Frostempfindliche, abfrierende Schmetterlingsblütler
Lupinen: Drei Arten der Lupinensippe eignen sich zur Gründüngung, jeweils mit besonderen Ansprüchen an

Für sandige, kalkarme, trockene Böden

den Standort. Die Gelbe Lupine *(Lupinus luteus)* bringt die höchsten Grünmassen bei ausreichend langer Wachstumszeit. Sie ist für sandige, kalkarme, trockene Böden geeignet und erträgt leichte Fröste.

Stellen hohe Ansprüche an Klima und Boden.

Am anspruchsvollsten ist die Weiße Lupine *(Lupinus albus)*. Sie gedeiht vorteilhaft in mildem Klima und auf tiefgründigen, neutralen, lehmigen Böden mit ausreichender Wasserversorgung.

Lupinenart mit den längsten Pfahlwurzeln

Die Blaue oder Schmalblättrige Lupine *(Lupinus angustifolius)* nimmt die Mittelstellung ein. Sie wird auf schwach sauren, sandigen Böden sowie für Standorte mit kürzeren Wachstumsperioden verwendet.

Bitterstoffarme Lupinen sind auch zum Verfüttern geeignet.

Die Aussaat der Lupinen erfolgt am besten bereits ab April. Nach der Blüte werden sie abgemäht und leicht in den Boden eingearbeitet.

Acker- oder Dicke Bohnen auch als Windschutz- und Ökopflanzen

Ackerbohnen *(Vicia faba minor)*: können schon ab Ende Februar gesät werden, zum Beispiel als Vorkultur für Gurken und Tomaten. Bei Reihensaat lassen wir beidseitig nach der Pflanzung dieser Gemüsearten die Ackerbohnen zunächst noch weiterwachsen. Sie bieten den Kulturen dadurch einen vorteilhaften Windschutz. Nicht selten sind die Ackerbohnen schon frühzeitig von Blattläusen befallen. Dies wird im alternativen Garten nicht nachteilig gewertet, weil sich dadurch Blattlausfeinde, vor allem Marienkäfer, im Gartenbereich schneller vermehren können. Ackerbohnen mit ihren meterlangen Pfahlwurzeln lockern auch schwere Böden.

Sommer- oder Saatwicken sind schnellwüchsig und bescheiden.

Sommer- oder Saatwicken *(Vicia sativa)*: zeigen eine schnelle Entwicklung, auch auf geringwertigeren Böden und in klimatisch weniger günstigen Gebieten (siehe Foto Seite 119). Sie werden bevorzugt in Gemischen mit Sonnenblumen und Ackerbohnen angebaut.

Tafel 7
Verschiedene Gründüngungspflanzen und Gemenge; oben links: Sommerwicken (siehe Seite 118); oben rechts: Gemenge aus Wicken, Perserklee, Inkarnatsklee, Herbstrüben, Serradella, Luzerne und Phacelia; unten links: Senf (siehe Seite 124); unten rechts: Phacelia tanacetifolia (siehe Seite 125)

Futtererbsen *(Pisum sativum)*: sind trockenempfindlich, durchwurzeln den Boden flach und benötigen Stützpflanzen, zum Beispiel Ackerbohnen. Sie werden deshalb nur als Gemenge mit anderen Gewächsen angebaut.

Kichererbsen *(Cicer arietinum)*: haben nur als bodendeckende Zwischenkultur im organisch biologischen Garten eine gewisse Bedeutung.

Perserklee *(Trifolium resupinatum)*: hat bescheidene Bodenansprüche, gedeiht also auch auf leichten, sandigen Standorten rasch. Er schließt schnell die Bestände und unterdrückt Unkrautwuchs.

Alexandrinerklee *(Trifolium alexandrinum)*: benötigt zur raschen Jugendentwicklung Wärme, einen sonnigen Stand und genügend Bodenfeuchtigkeit. Auf leichten, trockenen Böden ist der Anbau unsicherer. Bei Aussaaten ab April sind vier bis sechs Schnitte zur Erzeugung von Mulchmasse möglich.
Erdklee *(Trifolium subterraneum)*: Weil sich die Fruchtstände dieses Klees bei der Reife in den Boden eingraben, wird er auch bodenfrüchtiger Klee genannt. Diese sehr niedrige Kleeart ist für Unter- und Zwischensaaten geeignet, zum Beispiel auf Beeten mit Beerensträuchern, Zuckermais und auch Lauch. Mit dem Einsetzen der Winterfröste frieren die Leguminosen dieser Pflan-

Im Mischkulturgarten können Perser- und Alexandrinerklee in Mischung an Stelle der Spinatreihen gesät werden.

Tafel 8
Oben: Hügelbeet, im Hintergrund Kompostplatz; unten: auch eine Bewachsung mit Kapuzinerkresse schützt den Komposthaufen vor zu starker Sonneneinstrahlung.

Die Erdkleeaussaat erfolgt erst dann, wenn die Kulturpflanzen bereits kräftig entwickelt sind.

zengruppe ab und bilden eine schützende und nährende Bedeckung des Bodens.

Frostfeste Schmetterlingsblütler

Die überwinternden Leguminosen eignen sich - abgesehen von der fortgesetzten Gewinnung von Mulchmaterialien - vor allem für Zwischen- und Untersaaten oder Dauerkulturen, wie zum Beispiel Strauch- und Baumobst.

Unterschied von Winter- und Sommerwicken

Bekannteste Samenmischung: „Landsberger Gemenge", zusammengesetzt mit Zottelwicke, Welschem Weidelgras und Inkarnatklee

Zottelwicke *(Vicia villosa)*: Die blauviolettblühende Zottel- oder Winterwicke ist anspruchsloser als die eng verwandte Sommerwicke. Ihre Pfahlwurzel kann tiefer in den Boden eindringen und die Krume mit feinen Seitenwurzeln intensiv durchwachsen. Sie ist ferner trockenheitsverträglich, stellt keine besonderen Standortansprüche, gedeiht jedoch erfreulich auf leichten, nicht zu sauren Böden. Wegen ihrer zarten Stengel soll die Zottelwicke in Mischungen mit anderen Gründüngungspflanzen angebaut werden.

Auch bekannt als schmackhafte Futterpflanze für die Kleintierhaltung

Weißklee *(Trifolium repens):* Diese anspruchslose Kleeart eignet sich für alle Böden. Das flache Wurzelwerk durchwächst intensiv die obere Bodenschicht. Die kriechenden Sproßausläufer bedecken lückenlos den Boden. Mehrere Mulchschnitte sind jährlich möglich.

Bewährt in Höhenlagen und schneereichen Wintern.

Schwedenklee *(Trifolium hybridum):* Dieser Klee blüht rötlichweiß und schmeckt bitter. Schwedenklee bewährt sich vor allem in Höhenlagen und in Gebieten mit langen, schneereichen Wintern. Er kann auf sauren und alkalischen Böden angebaut und bevorzugt als Gemengebestandteil verwendet werden.

Ungeeignet für schwere Ton- und extrem leichte Sandböden.

Inkarnatklee *(Trifolium incarnatum):* Dieser Klee stellt höhere Wärmeansprüche und kann bei Sommeranbau beachtliche Grünmengen produzieren. Wegen seines beachtlichen Durchwurzelungsvermögens wird der Inkarnatklee vor allem in Gemengen zur Bodenverbesserung empfohlen.

Durchwächst mit dichtem Faserwurzelnetz die Krume.

Gelbklee *(Medicago lupulina):* ist bei uns heimisch und stellt keine besonderen Ansprüche an den Standort. Er gilt als ausgezeichneter Stickstoffsammler auf kalkhaltigen Böden. Kleintierhalter wissen den hohen Futterwert von Heu mit Gelbkleeanteil besonders zu schätzen.

Ideale Eignung für verdichtete Böden und zur Böschungsbefestigung

Weißer und Gelber Steinklee *(Melilotus albus, Melilotus officinalis):* Beide, der Weiße Stein- oder Bokharaklee und der Gelbe Steinklee, blühen erst im zweiten Standjahr. Sie dringen mit ihren kräftigen Wurzeln tief in den

Boden ein. Steinklee wird gerne vor der Pflanzung von Obstbäumen eingesät, weil der cumarinhaltige Klee Wühlmäuse abwehren soll.

Kreuzblütler (Cruciferen)

Günstige Eigenschaften der Kreuzblütler für die Gründüngung

Gründüngungspflanzen aus der Familie der Kreuzblütler sind preisgünstig, nahezu problemlos anzubauen und schnell- und massenwüchsig mit intensiver Durch-

Vorsicht! Kreuzblütige Pflanzenarten nicht für Gärten mit engen Kohlfruchtfolgen – Kohlherniegefahr!

wurzelung des Bodens. Von den Kreuzblütlern ist allgemein bekannt, daß durch ihre aggressive Wurzeltätigkeit im Boden auch schwerer lösliche Mineralstoffverbindungen erschlossen und verwertet werden können. Die wichtigsten kreuzblütigen Gründüngungspflanzen sind Gelbsenf, Ölrettich und Markstammkohl. Sommerraps und Sommerrübsen sind wichtige landwirtschaftliche Gründüngungspflanzen mit hohen Grünmasseerträgen auf leichten bis mittelschweren Böden.

Besonders für Zwischen- und Spätsaaten geeignet.

Gelbsenf *(Sinapis alba):* keimt sehr rasch und bildet innerhalb von ein bis zwei Wochen eine Gründecke. Senf (siehe Foto Seite 119) im Garten dient auch als heilkräftige Würzpflanze und Salatbeilage. Bemerkenswert ist seine Anspruchslosigkeit an Bodengüte und Wasserversorgung. Die Aussaat erfolgt in engen Reihen oder breitwürfig bereits ab März. Senfreihen sollen die Zuwanderung von Schnecken vermindern; auch bei Senfeinsaaten in Gemüsegärten besteht Kohlherniegefahr!

Schlechte Erfolge auf sauren Böden

Ölrettich *(Raphanus sativus var. oleiformis):* erschließt und lockert mit tiefgehenden Wurzeln den Boden, wächst sehr rasch mit hohem Blatt- und Stengelanteil, blüht bereits nach fünf bis sechs Wochen und kann bis Anfang September gesät werden.

Blattreiche Zuchtsorten bringen hohe Erträge von eiweißreichem Grünfutter.

Markstammkohl *(Brassica oleracea var. medullosa):* ist eine beliebte Gründüngungspflanze für Gärten, die gleichzeitig auch Futter für die Kleintierhaltung liefern soll. Bemerkenswert ist die schnelle Jugendentwicklung dieser Kohlart und im Spätherbst seine Frostverträglichkeit bis etwa -7 °C. Das Nährstoffbedürfnis ist beachtlich hoch, und alle organischen Dünger werden ausgezeichnet verwertet.

Gräserarten

Getreide und Gräser mit hohem Nährstofferschließungsvermögen bei geringen Standortansprüchen

Gelegentlich werden auch Getreidearten, zum Beispiel Winterroggen und Hafer, sowie von den Wiesengräsern Einjähriges Weidelgras, wegen ihres beachtlichen Nährstoffaneignungsvermögens und geringen Standortanspruches empfohlen. Bedeutsamer sind allerdings die Gräserarten für Mulchrasen in unseren Obstgärten, mit mehrmaligem bis 12fachem Schnitt pro Jahr. Mit dem Schnittgut können die Baumstreifen oder Baumscheiben gemulcht werden.
Bevorzugte Gräser für Mulchrasen der Obstgärten sind

der horstbildende Rotschwingel *(Festuca rubra)*, die Wiesenrispe *(Poa pratensis)*, die Gemeine Rispe *(Poa trivalis)* mit Zusätzen von Deutschem Weidelgras *(Lolium perenne)* und Flechtstraußgras *(Agrostis stolonifera)*.

Gräsermischung für Mulchrasen

Andere Pflanzenarten zur Gründüngung

Auf die Möglichkeiten der Doppelnutzung Gemüseerzeugung und Gründüngung, zum Beispiel mit Feldsalat und Spinat, vor allem im Mischkulturgarten wurde bereits hingewiesen. Von besonderer Bedeutung sind zusätzlich noch Gründüngungspflanzen aus Familien, die mit unseren Gemüsearten nicht verwandt sind, weil sie die Fruchtfolgen nicht belasten und zur Bodengesundheit beitragen können. Als wichtigste Gründüngungspflanzen dieser Gruppe gelten Phazelia, Buchweizen und Sonnenblumen.

Fruchtfolgefreundlich, fördern Bodengesundheit.

Phazelia *(Phacelia tanacetifolia):* Der Bienenfreund oder Büschelschön (siehe Foto Seite 119) gehört zur Familie der Wasserblattgewächse (Hydrophyllaceae). Phazelia ist tagneutral, schnellwachsend, trockenverträglich und recht anspruchslos. Die Aussaat ist ab Frühjahr (als Bienenweide) bis Juli/August zur Zwischen- und Spätsaat empfehlenswert. Das flache, dichte Wurzelsystem nutzt die Mineralstoffvorräte des Bodens. Die zarten, blattreichen, oberirdischen Teile frieren schon bei niedrigen Frühfrösten ab, schützen die Bodenoberfläche und erschweren im Frühjahr nicht die Bestellungsarbeiten.

Nach schneller Verrottung günstige Krümelstruktur

Buchweizen *(Fagopyrum esculentum):* Der Buchweizen aus der Familie der Knöterichgewächse (Polygonaceae) ist eine kurzlebige, schnellwachsende, frostempfindliche, anspruchslose, aber wärmeliebende Pflanzenart der Steppenregionen. Mit ihren weißrötlichen Blüten sind die 30 - 80 cm hohen Buchweizenbestände eine geschätzte Bienenweide.

Gerne verwendet für leichte, saure Sand- und Moorböden.

Die Aussaat erfolgt ab Mitte Mai bis Ende August in dünner Breit- oder Reihensaat, mit Abständen von 10 - 15 cm. Buchweizen ist eine dankbare Futterpflanze für die Kleintierhaltung. Die Körner des Buchweizens, leicht gemahlen oder geschrotet, werden neuerdings für Spezialitäten der alternativen Küche bevorzugt zu Grütze, Tortenklößen und Pfannkuchen verwendet.

Körnerfrucht für die alternative Küche

Sonnenblume *(Helianthus annuus):* Die Sonnenblume aus der Familie der Korbblütler (Compositae) mit

Frostempfindlich – abgesehen von der Jugendentwicklung

Dekorative Zier – und dankbare Insektenfutterpflanze

schneller Pflanzenentwicklung eignet sich für leichte bis mittlere Böden. Das bis 2 m tiefe, kräftige Wurzelsystem hat ein beachtliches Aufschließungsvermögen für Mineralstoffe. Sonnenblumen sind anspruchslos und - abgesehen von der Jugendentwicklung - auch trockenheitsverträglich. Die Aussaat kann ab Mai bis August erfolgen.

Saatgutmischungen

Fertigmischungen des Handels sind abgestimmt auf Bodenarten und Verwendungszweck.

Höchstmaß an Stickstoffgewinn ist erreichbar.

Mit vielseitiger Verwendung, auch zum Überwintern

Der gärtnerische Samenhandel bietet bewährte Gründüngungsmischungen in Fertigpackungen an. Deshalb werden Eigenmischungen nur noch selten angewendet. Praktische Bedeutung haben die folgenden Gemenge.
Alexandriner-Perserklee: ist für alle Bodenarten geeignet. Dieses Gemenge lassen wir sich im Sommer bis zur Blüte entwickeln, bevor erstmals geschnitten wird.
Landsberger Gemenge mit Zottelwicken, Inkarnatklee und Weidelgras: ist für nahezu alle Bodenarten geeignet und kann ab Frühjahr gesät werden. Zur Überwinterung genügen Aussaaten ab August.

Welche Ansprüche sind an eine Gründüngung im Garten zu stellen?

Hohe Massenerträge

1. Die Gründüngungspflanzen sollen in kurzer Zeit möglichst ober- und unterirdische Masseneerträge garantieren. Vorteilhaft sind dabei schnelles Keimen der Saat und rasche Jugendentwicklung der Bestände. Die verfügbare organische Masse soll die Erträge der Folgekultur verbessern und ausreichen, zumindest den Humusspiegel des Bodens zu erhalten.

Strukturverbesserung des Bodens

2. Tiefwurzelnde Pflanzenarten sind zur Erschließung und Erweiterung des Wurzelraumes sowie zur Strukturverbesserung des Bodens - seines Luft- und Wasserhaushaltes - besonders erwünscht.

Nährstofferschließungsvermögen

3. Hohes Aufschließungsvermögen für Nährstoffe und Spurenelemente, auch Stickstoffanreicherung, zum Beispiel durch Leguminosen, ist vorteilhaft.

Flächendeckende Bodenbegrünung

4. Durch eine gute, flächendeckende Bodenbegrünung sollen ein hoher Erosionsschutz, günstige Wasserverdaulichkeit, Aktivierung des Bodenlebens und der Krümelbildung gewährleistet werden.

5. Günstige physiologische Wirkungen auf die Folgekulturen sollen gegeben sein, also Verbesserung der Boden- und Pflanzengesundheit durch Bekämpfung bodenlebender Schaderreger der Kulturpflanzen und Hemmung der Unkrautentwicklung.

Günstige Nachfruchtwirkung

6. Das Saatgut für Gründüngungspflanzen soll angemessen kostengünstig angeboten werden.

Angemessene Saatgutpreise

7. Die Gründüngungsmaßnahmen im Garten müssen ohne zusätzliche Geräteanschaffung für Aussaat, Pflege und Ernte möglich sein.

Unkomplizierte Kulturverfahren

8. Läßt sich Gründüngungsmasse auch an Haustiere verfüttern, kann sie zusätzlich nutzbringend sein. Imker schätzen die Verbesserung der Trachten, besonders der blühenden Gründüngungskulturen in den Herbstmonaten.

Mehrfach nützlich als Futterpflanze für Kleintierhaltung und Imkerei

Anhang

Monatlicher Arbeitskalender fürs Kompostieren, Mulchen und Gründüngen

Januar	- Aufstellen eines Fruchtfolge-, Gründüngungs- und Humusbedarfsplanes - Schreddern von Schnittholz, Heckenschnittmaterial und ähnlichem - Eigenbau und Reparaturarbeiten an Kompostern, Umzäunungen und anderem - Gemulchte Obstjunganlagen auf Mäuseschäden überwachen - Böden auf Kalkzustand, Nährstoff-, eventuell Humusgehalte und Schadstoffe untersuchen lassen (Untersuchungsstellen siehe Seite 137) - Haufenkompostierung: anfallendes Material aus Küche und Hof sofort mit Erde abdecken - Reste von Reifkompost verteilen, jedoch nicht auf gefrorene Böden
Februar	- Mistbeet mit Laub und Stallmist packen - Im Kleingewächshaus Boden mit Kompost verbessern - Schnitt der Sichtschutzsträucher an der Kompostanlage und Häckseln des Schnittholzes - Hügel- und Hochbeete anlegen - Haufenkompost umsetzen, sofern nicht gefroren, bedecken mit Strohschicht - Kompostsilo: Kontrolle der Rotteentwicklung - Bio-Brüter für Kleingewächshaus bauen und aufstellen - Überlegen mit Interessenten wegen Gemeinschafts-Kompostieren
März	- Wintermulch wegnehmen, damit Boden schneller erwärmen kann, Reste auf Kompostmiete

März	- Rasennarbe mit Reifkompost düngen, zirka 1 cm dicke Auflage - Staudenbeete abräumen und Reifkompost geben - Im Kräutergarten Abdeckmaterial wegnehmen und Rückschnitt; organisches Material kompostieren; Kräuterbeete mit Reifkompost düngen - Gründüngung: Aussaat von Spinat, auch zwischen den Reihen von Gemüse - Häcksel- oder Rindenmulch auf Gartenwegen aufbringen als Schutz vor Bodenverdichtungen auf Beetwegen
April	- Winterabdeckung der Rosen wegräumen, zerkleinern und kompostieren; Rosenbeete mit Kompost düngen - Dünne Mulchschichten im Nutzgarten, zum Beispiel mit erstem Rasenschnittgut - Ende April schwarze Mulchfolien für Gurken und andere Kulturen auslegen - Strauchbeerenobst mulchen - Für Schnellkompost, zum Beispiel mit Stroh und Mist, Mieten aufsetzen - Gründüngung: Aussaat von Senf und Schmetterlingsblütlern
Mai	- In Rabatten Boden leicht bearbeiten und Rindenhumus aufbringen - Ziersträucher nach der Blüte schneiden, Holz schreddern, mulchen oder kompostieren - Strauchbeerenobst mit anfallendem organischem Material mulchen - Im Obstgarten nach der Blüte neu mulchen - Kapuzinerkresse, Ringelblumen oder Borretsch auf Baumscheiben säen - Erdbeeren: Stroh als Unterlage und Mulch - Bei Neuanlagen von Hügelbeeten trockenes Material kräftig wässern - Kompostmiete mit Stroh oder Matten aus Schilf vor Austrocknen schützen - In besonderen Fällen Kompostierung in Löchern möglich

Juni	- Kein nackter Boden, sondern sofort immer mulchen - Auf Mulchdecke Gesteinsmehl und eventuell Kompostbeschleuniger streuen - Beste Zeit für Schnellkompostierung hat begonnen - Tomaten und Paprika mulchen, ebenso Zucchini und Gurken - Gründüngung: Untersaat, zum Beispiel mit Kichererbsen - Kürbis mit kräftiger Kompostgabe füttern - Rasenmulchen sorgfältig praktizieren - Mietenkompostierung: eventuell Material von Nachbargärten mitverwenden - Kompostwasser (Komposttee) für flüssige Kopfdüngung herstellen
Juli	- Obstgarten mit Rasenschnittgut mulchen; bei Jungbäumen nicht zu dicke Mulchschichten um den Stamm legen - Ernterückstände zerkleinern, mulchen oder flächenkompostieren - Kräuterreste unter Kompostmaterial für Mietenkompostierung oder Mulch mischen - Freiwerdende Beete sofort mit Gründüngungspflanzen einsäen - Mieten umsetzen; Schnellkompost nach drei bis vier Wochen, auf genügend Feuchte achten - Mit Kompost nachdüngen, auch bei den Kübelpflanzen - Mietenkompostierung mit Kleintiermist und Unkräutern als Zusätze
August	- Mulchen mit Frischkompost, Vorsicht bei jungen Gemüsepflanzen! - Mulchbedeckte Flächen nach längerer Trockenheit einmal kräftig wässern - Reste von Sommerschnitt, auch der Hecken häckseln und verwerten, eventuell Sommerhügelbeet anlegen, allerdings nur mit gut durchfeuchtetem Material - Rasen vertikutieren und Material verkompostieren

August	- Gründüngung für Spätherbst und Winter säen - Kraut von Frühkartoffeln zerkleinern und kompostieren - Kompostgruben für Sommerkompostierungen herstellen - Erdbeeren in schwarze Mulchfolien pflanzen - Folien nicht auf trockene Böden ausbringen
September	- Mulchen und Flächenkompostierung mit zerkleinerten Ernterückständen - Rhabarber mit Frischkompost versorgen - Wandermiete bauen und mit Ernteresten Kompostierung beginnen - Flächenbegrünen mit Breitsaaten von Spinat und Feldsalat oder für Gründüngung mit den schnellwachsenden Arten Senf und Raps, Vorsicht: bei Kohlhernie keine kreuzblütigen Gründüngungspflanzen - Mit Wiesenschnitt Schnellkompostmieten anlegen
Oktober	- Herbstlaub zerkleinern, mulchen und in Mieten kompostieren - Laub auf Rasen geben und mit Rasenmäher zerkleinern, gleichzeitig mit Grasschnitt mischen und zum Beispiel in Solar- oder Thermokomposter geben - Späte Gründüngungssaaten - Wintermulch, in mindestens 5 cm starken Schichten, kann auf abgeernteten Beeten beginnen - Bei Baum- und Strauchpflanzungen Kompost in die Pflanzlöcher geben - Staudenreste häckseln und kompostieren
November	- Nutzgarten: Boden nicht graben, Ausnahme sehr schwere Böden, Reifkompost ausbringen, darüber Winterdecke legen - Rosenbeete mit Reifkompost versorgen und anhäufeln - Schutzdecke für empfindliche Stauden und Rhabarber, zum Beispiel mit Stalldungschicht oder Rindenhumus - Kräutergarten: mehrjährige Arten zurück-

November	schneiden; Beete von ein- und zweijährigen mit Wintermulch versehen - Laub mit Ernterückständen zusammen kompostieren - Mietenkompostierung - eventuell Schutz mit gebrauchten Folien vor starker Vernässung - Kompostsilo leeren, damit für Winterfüllung verfügbar
Dezember	- Winterschnitt der Obstbäume und Sträucher, Schnittmaterial häckseln oder als Unterschicht für Hoch- und Hügelbeete verwenden - Saatgut für Gründüngung bestellen - Kompostplatz (Kompostei) aufräumen - Wege zum Kompostplatz und zwischen den Mieten mit Platten befestigen - Kompostsilo und Überdachung von Kompostplätzen selbst herstellen - Tonnen für Kompostwasser und Kräuterjauche vor Frostbeginn leeren - Aus Kompost Blumen- und Anzuchterden herstellen und regengeschützt lagern - Auswertungen der Gartenaufzeichnungen für das neue „Kompostjahr“

Nährstoffgehalte (in %) verschiedener organischer Dünger und Bodenverbesserungsmittel

	H_2O	Organische Substanz	N	P_2O_5	K_2O	CaO	MG
Stroh	5	90	0,60	0,15	1,20	0,40	0,07
Laubstreu	15	80	1,00	0,23	0,26	1,90	-
Kiefernrinde	40	50	0,40	0,05	0,20	0,50	0,07
Fichtenrinde	50	45	0,54	0,05	0,10	1,20	0,06
Kompost	35	37	1,10	0,80	0,60	5,00	0,70
Stallmist gemischt	70	25	0,50	0,25	0,65	0,35	0,15

Kohlenstoff:Stickstoff-Verhältnis (C/N-Verhältnis) organischer Materialien (Literaturauswertung)

Kompostmaterial	C/N-Verhältnis
Mistkompost	10:1
Rasenschnitt	12-20:1
Reine Gemüseabfälle	13:1
Leguminosen-Gründüngungsmasse	15-25:1
Gemischte Gartenabfälle	20:1
Stallmist	20-30:1
Schilf	20-60:1
Gemischte Küchenabfälle	23:1
Rinde	35:1
Laub	40-50:1
Kiefern und Fichtenstreu	50:1
Stroh	50-125:1
Sägemehl	500:1

Ein Kohlenstoff:Stickstoff-Verhältnis von 20-30:1 ist ideal für die Kompostierung. Bei weiterem C/N-Verhältnis verlangsamt sich die Rotte, bei engerem sind Stickstoffverluste möglich.

Die wichtigsten Gründüngungspflanzen für Gärten

Pflanzenarten	Saatzeit	Saatgutmenge kg/100 m²	Saattiefe cm	Frosthärte	Grünmasse kg/100 m²	Bemerkungen
Leguminosen						
Lupinen (gelb, weiß, blau)	IV-E VII	1,6-2,0	3-5	nein	300-400	Arteigene Verwendung beachten
Ackerbohnen	E II-E VII	1,6-2,2	5-8	nein	ca. 400	Eignung für schwere Böden
Wicken	IV-VII	1,5	4-6	nein	200	Nicht für saure Böden

Pflanzenarten	Saatzeit	Saatgutmenge kg/100 m²	Saattiefe cm	Frosthärte	Grünmasse kg/100 m²	Bemerkungen
Feld-Erbsen	IV - VII	1,7	4 - 6	nein	300	Warme, kalkhaltige Böden
Perserklee	IV - E VII	0,2 - 0,4	1 - 2	nein	300 - 400	Leichte, sandige Standorte
Alexandriner Klee	IV - E VII	0,2 - 0,4	1 - 2	nein	300 - 500	Genügend Bodenfeuchte
Inkarnatklee	IV/V	0,3	1 - 2	gering	300 - 500	Höhere Wärmeansprüche
Zottelwicken	VIII - IX	2,0	1 - 5	ja	400	Meist im Gemengeanbau
Weißklee	Ab III	0,1 - 0,12	1 - 2	ja	250 - 300	Für alle Böden
Kreuzblütler						
Senf	III - IX	0,2	1 - 2	nein	300 - 500	Für alle Böden geeignet
Ölrettich	IV - A IX	0,25	0 - 3	nein	300 - 500	Lichtkeimer, keine sauren Böden
Markstammkohl	III - VIII	0,4 - 0,6	1 - 2	gering	ca. 400	In Kombination mit Kleintierhaltung
Sommerraps	VII - VIII	0,15	0,2	nein	300 - 500	} Lichtkeimer! Vorsicht Kohlhernie!
Winterraps	E VII	0,4	0,2	ja	500	
Gräserartige						
Winterroggen	IX/X	1,2 - 1,8	3 - 6	ja	-	-
Hafer	III - VIII	1,8 - 2,0	3 - 6	nein	300 - 500	Auch für geringere Böden
Einjähriges Weidelgras	VII/VIII	0,2 - 0,4	0 - 1	nein	400 - 800	Hohe Standortansprüche
Andere Pflanzenarten						
Phazelia	III - VIII	0,15	1 - 2	nein	300 - 500	Für nahezu alle Böden
Buchweizen	V - VIII	1,0	2 - 4	nein	ca. 250	Frostempfindlich, auch für saure Böden geeignet
Sonnenblumen	IV - VIII	0,3 - 0,35	3 - 4	nein	600 - 900	Auch für leichte Böden

Pflanzen-arten	Saatzeit	Saatgut-menge kg/100 m²	Saat-tiefe cm	Frost-härte	Grün-masse kg/100 m²	Bemerkungen
Gründüngungsgemenge Alexandriner-Perserklee	IV - VII	0,5	1 - 2	nein	400 - 500	Geeignet zur Produktion von Grünmasse für Kompostierung und Mulchen
Landsberger Gemenge	Frühjahr oder ab VIII		2 - 4	ja	400	Frostfestes Gemenge, geeignet für nahezu alle Böden
Inkarnatklee - Zottelwicke - Weidelgras		0,2 -/ 0,4 -/ 0,2				
Saatzeit: E = Ende, A = Anfang, Zahlen bedeuten Monate						

Die wichtigsten Gründüngungspflanzen und ihre Verwandtschaftsverhältnisse zu den Gemüsearten

Pflanzenarten	Gemüsearten	Familienzugehörigkeit	Bemerkungen
Lupinen Kleearten Erbsen Ackerbohnen Wicken	Mark-, Schal- und Zuckererbsen Busch-, Stangen- und Dicke Bohnen	Schmetterlingsblütler (Leguminosen)	Stickstoffsammelnde Pflanzenarten mit Hilfe von Knöllchenbakterien
Senf Ölrettich Sommerraps Sommerrüben Markstammkohl	Alle Kohlarten Rettich Radies Meerrettich Kressearten	Kreuzblütler	Begünstigung der Kohlhernieverbreitung; biologische Unkrautbekämpfung gegen Hederich

Pflanzenarten	Gemüsearten	Familienzugehörigkeit	Bemerkungen
Sonnenblumen Ringelblumen Tagetes	Blattsalatarten Endivien Zichorien Schwarzwurzel Artischocke	Korbblütler	Biologische Nematodenbekämpfung!
Spinat	Spinat Rote Bete Gartenmelde Mangold	Meldengewächse (Gänsefußgewächse)	Unverträglichkeit innerhalb der Familie, Reihengründüngung
Feldsalat	Feldsalat	Baldriangewächse	Reihengründüngung
Winterroggen Hafer Gräser	Zuckermais	Grasgewächse Gräser	Kulturgräser zur biologischen Ungrasbekämpfung; bevorzugt für Obstgärten
Phazelia	-	Wasserblattgewächse	Geeignet als Vorkultur für alle Gemüsearten
Buchweizen	Rhabarber	Knöterichgewächse	Gründüngung für leichte, saure Böden und Moorböden
Kapuzinerkresse	-	Kapuzinerkressengewächse	Baumreihengründüngung

Bodenabhängige Wurzeltiefen verschiedener Gründüngungspflanzen (nach SIEBENEICHER)

Wurzeltiefe	Pflanzen
150-300 cm und mehr	Lupine, Steinklee, Rotklee, Sonnenblume
80-150 cm	Senf, Raps und Rübsen, Ölrettich, Gelbklee, Serradella, Ackerbohne, Erbse, Saatwicke, Buchweizen, Phazelia
bis 80 cm	Weißklee, Inkarnatklee, Zottelwicke, Peluschke

Bezugsquellen

Bodenuntersuchungen, Kompostuntersuchungen

Adresse	Arbeitsgebiete
Institut für angewandte Botanik Marseiller Str. 7 2000 Hamburg 36	Standarduntersuchung (pH, Hauptnährstoffe), alle anderen Untersuchungen möglich
Landwirtschaftliche Untersuchungs- und Forschungsanstalt Kiel Gutenbergstr. 75-77 2300 Kiel 1	Standarduntersuchung (pH, Hauptnährstoffe), alle anderen Untersuchungen möglich
Landwirtschaftliche Untersuchungs- und Forschungsanstalt Mars-la-Tour-Str. 4 2900 Oldenburg	Standarduntersuchung (pH, Hauptnährstoffe), alle anderen Untersuchungen möglich
Bodenuntersuchungsinstitut Koldingen 3017 Pattensen	Bodenart, Humuszustand, Kalk, Phosphor, Kalium
Landwirtschaftliche Untersuchungs- und Forschungsanstalt Finkenborner Weg 1 A 3250 Hameln	Standarduntersuchung (pH, Hauptnährstoffe), alle anderen Untersuchungen möglich
Hessische landwirtschaftliche Versuchsanstalt Am Versuchsfeld 13 3500 Kassel-Harleshausen und Rheinstr. 91 6100 Darmstadt	Standarduntersuchung (pH, Hauptnährstoffe), alle anderen Untersuchungen möglich

Adresse	Arbeitsgebiete
Labor für Bodenuntersuchungen und Spurenmetallanalytik Dr. Fritz Balzer Oberer Ellenberg 5 3551 Amönau	Untersuchung auf Nährstoffe, pH, Humus, Spurenelemente
Landwirtschaftliche Untersuchungs- und Forschungsanstalt Joseph-König-Institut Kanalstr. 240 4400 Münster	Standarduntersuchung (pH, Hauptnährstoffe), alle anderen Untersuchungen möglich
Landwirtschaftliche Untersuchungs- und Forschungsanstalt Weberstr. 61 5300 Bonn	Standarduntersuchung (pH, Hauptnährstoffe), alle anderen Untersuchungen möglich
Dr. Volker Rusch Institut für mikrobiologische Bodenuntersuchung Am Hintersand 6348 Herborn	Messung der Aktivität des Bodenlebens, keine Nährstoffuntersuchung
Landwirtschaftliche Untersuchungs- und Forschungsanstalt Obere Langgasse 40 6720 Speyer	Standarduntersuchung (pH, Hauptnährstoffe), alle anderen Untersuchungen möglich
Landesanstalt für landwirtschaftliche Chemie Emil-Wolff-Str. 14 7000 Stuttgart-Hohenheim	Standarduntersuchung (pH, Hauptnährstoffe), alle anderen Untersuchungen möglich
Staatliche landwirtschaftliche Untersuchungs- und Forschungsanstalt Augustenberg Postfach 410943 7500 Karlsruhe 41	Standarduntersuchung (pH, Hauptnährstoffe), alle anderen Untersuchungen möglich

Adresse	Arbeitsgebiete
Bayerische Landesanstalt für Bodenkultur und Pflanzenbau Menzinger Str. 54 8000 München 19	Standarduntersuchung (pH, Hauptnährstoffe), alle anderen Untersuchungen möglich
Bayerische Hauptversuchsanstalt für Landwirtschaft 8050 Freising-Weihenstephan	Standarduntersuchung (pH, Hauptnährstoffe), alle anderen Untersuchungen möglich
Stelzner-VOS Grolandstr. 51a 8500 Nürnberg	pH, Nährstoffe, Spurennährstoffe
Bayerische Landesanstalt für Bodenkultur und Pflanzenbau Luxburgstr. 4 8700 Würzburg	Standarduntersuchung (pH, Hauptnährstoffe), alle anderen Untersuchungen möglich
Centraal Bodemkündig Bureau Rispens Dipl. Ing. W. Felderer Singelstraat 19-21 Deventer/Holland	Untersuchung auf Nährstoffe, pH, Humus, Spurenelemente, Ton-Sandanteil, enzymatische Bestimmung

Komposter

Bezeichnung	Maße in cm Länge x Breite x Höhe	System	Material	Bemerkungen	Hersteller
Dergart-Komposter	90 x 90 x 69	Stecksystem	Feuerverzinkter Stahl	Vergrößerbar, Abdeckung durch Zusatzset	Heinrich Metsch Blumenweg 13 3002 Wedemark

Bezeichnung	Maße in cm Länge x Breite x Höhe	System	Material	Bemerkungen	Hersteller
Bio-Kompostersack	-	Sack-Komposter	Kunststoffsäcke	Kleinkompostierung, Impfung notwendig	Fa. Neudorff GmbH Postfach 1209 3254 Emmerthal
Thermo-Komposter	Angaben fehlen	Kunststoffbehälter mit Thermoisolierung	Doppelwandige Kunststoffkonstruktion in zwei Teile zerlegbar	Günstige Kompostentnahme	Fa. Neudorff GmbH Postfach 1209 3254 Emmerthal
Legi-Drahtkomposter	ohne Angaben	Drahtbehälter	Feuerverzinkter Draht	-	Legi-Drahtgitterwerk Im Meerfeld 83 4130 Moers
Bio-Container	160 x 80 x 105	Zweikammersystem mit Auffangschale für Sickersaft	Glasfaserverstärkter Kunststoff	Sickersaft soll zur Flüssigdüngung Verwendung finden	Silok-Pelzer GmbH Postfach 65 4438 Heek/ Kr. Borken
Komposttonne „System Mücke"	55 x 55 x 90	-	Kunststoffbeschichtetes Material	Geeignet für Schnellkompost	Fa. Ing. H. Brandt Remserweg 44 4834 Harsewinkel
Wachsendes Kompostsilo „System Mücke"	86 x 86 x 60	Containerbauweise mit und ohne Deckel	Kunststoffbeschichtetes Metall	Durch Hochziehen der Seitenteile wächst Silo	Fa. Ing. H. Brandt Remserweg 44 4834 Harsewinkel

Bezeichnung	Maße in cm Länge x Breite x Höhe	System	Material	Bemerkungen	Hersteller
Wurmkomposter	Höhe 0,85 m	Zylindrischer Kunststoffbehälter mit Deckel	Recyclingkunststoff	Kompostwürmer liefert auch die Herstellerfirma	Fa. R. Bindtner Hochstraße 6 5401 Rhens
Werra-Plastik Komposter	100 x 100 x 100	Kunststoffrohr-Steckbauweise	Kunststoffrohr aus Recyclingmaterial	Einfach umsetzbar	Fa. Werra-Plastik Industriestraße 2 6433 Philippstal
Mila-Komposter	75 x 75 x 90	Drahtsilo	Verzinkter Draht, kunststoffummanteltes Wellengitter	Leicht umbaubar	Draht-Hiltscher KG Nordring 17 6740 Landau
Schwarzwälder Kompostlege	100 x 100 bis 150 x 150	Holzlege	Holz imprägniert	Höhe nach Bedarf	Fa. H. Fleck 7261 Liebelsberg
Bio-Therm	75 cm hoher Rundbehälter, 15 cm dicker Thermomantel	Schnellrott-Komposter mit Stecksystem	Kunststoff	Kein Nagetierzugang	Güttler GmbH Drosselweg 5 7315 Weilheim/Teck
Kompostsilo „Beckmann“	120 x 120 x 102	Stahlprofilrahmen mit einlegbaren Holzbohlen	Rahmen feuerverzinkt, Holz druckimprägniert	Baukastensystem	Ing. H. Beckmann Simoniusstraße 18 7988 Wangen/Allgäu

Bezeichnung	**Maße in cm Länge x Breite x Höhe**	**System**	**Material**	**Bemerkungen**	**Hersteller**
Normstahl-Expreß-Komposter	90 x 90 x 74-109	Wandlamellensystem	Vollverzinktes Stahlblech	Mit Schiebedach und Lüftungsrohr	Fa. Normstahl Normstahlstraße 1-3 8052 Moosburg/Obb.
Solarkomposter	90 x 90 x 74-109	Außenmantel als Wärmesammler, innen Stahlgittereinsatz	Vollverzinktes Stahlblech, verzinktes Stahlgitter	Mit Schiebedeckel, Regenwaldklima, für Schnellkompost geeignet	Fa. Normstahl Normstahlstraße 1-3 8052 Moosburg/Obb.
Kompostsilo Engel	70 x 70 x 70-100	Seitenteilzerlegbares Silo mit Regenschutzfolie	Hostalit-Kunststoff	Schnell montierbar	Fa. Engel Moorweg 22 8069 Rohrbach
Kompostsilo „Morill“	80 x 80 x 80	Drahtsilo	Feuerverzinktes Stahlgeflecht	Vergrößerbar	Fa. Morill Kobergerstraße 49 8500 Nürnberg 10
Quelle-Komposter	75 (100) x 75 (100) x 80 (100)	Kompostlege mit Kompost-Thermohaube	Stahlprofil mit einhängbaren Hölzern	Thermohaube muß zusätzlich bestellt werden	Garten-Quelle 8510 Fürth
Komfort-Silo „Soilsaver“	71 x 71 x 79	Doppelwandige Thermokonstruktion	PE-Kunststoff	Leicht zugänglich	Fa. Steinmax Dürrnerstraße 1 8800 Ansbach

Bezeichnung	Maße in cm Länge x Breite x Höhe	System	Material	Bemerkungen	Hersteller
Rotierender Komposter „Ro-Si“	-	Drehbares Trommelsilo	Angaben fehlen	Durch gelegentliches Drehen wird Umsetzen erspart, fertige Erde fällt durch Wandlöcher, keine Bodenverbindung	Fa. Wescha Maschinenfabrik 8900 Augsburg
Vario-Komposter	Verschiedene Größen ab 1 m	Quadratische und sechseckige Kompostlege	Außen- und Trennwände mit verzinktem Stahlrahmen, Bretter imprägniert	Materialentnahme bei ausgeschwenktem Tor	Fa. Bromet-Bronnhuber Röntgenstraße 1 8870 Günzburg

Kompostierungshilfsmittel

Fabrikat	Hersteller	Mittelbasis
Alginure Kompost-Fix	Alginure Werk Postfach 46 7000 Stuttgart 70	Bakteriennährboden
Bioco-Kompost	Bioco GmbH Postfach 8994 Hergatz	Pflanzenextrakte, Spurenelemente
Biorott	F. Schacht KG Postfach 4823 3300 Braunschweig	Stickstoff, Mineralien Bakterien u.a.

Fabrikat	Hersteller	Mittelbasis
Composta, Compovit	Chemische Fabrik Ronza Basel	Basis Kalkstickstoff, Kalkfrei + organische und mineralische Stoffe
Eco-Kompostarter	Fa. Cohrs Postfach 2130 Rotenburg/Hannover	Gärfermente, Spurenelemente, organische Substanzen
Edafil	Helina GmbH 4812 Brackwede/Westfalen	Konzentrat von Bodenorganismen
Eokomit	Dr. Holzinger u. Co. 8210 Prien/Chiemsee	Bodenorganismen, Stickstoffbinder
Nitralit, Biokomposter, Radivit	Fa. Neudorff Postfach 1209 3254 Emmerthal 1	Bodenorganismen, Stickstoffbinder
Oscorna-Kompostbeschleuniger	Corna-Werk, Wölper und Co. Postfach 905 7900 Ulm	organische Stickstoffträger, Kräuter, Tonmehl
Kompostierungspräparate 502-507	Inst. für biol.-dyn. Forschung Braundschneise 5 6100 Darmstadt	Pflanzenextrakte
Symbioflor	Mikrobiologisches Labor 6348 Herborn	Bakterienpräparat

Fabrikat	Hersteller	Mittelbasis
Humofix	Abtei Fulda Nonnengasse 16 6400 Fulda	Kräuter
Fertosan	Varley GmbH In der Au 1 7851 Inzingen	-

Andere Kompostzusätze

Bakterienpräparat für Makrobioten Schnellkompost
Deutsche Arbeitsgemeinschaft
Bio-Elemente Kraft KG
Lortzingstr. 30
7100 Heilbronn-Böckingen

Zusätze für Mazdaznan-Kompost
Diät- und Lebensschule
3598 Edertal-Bringhausen

Regenwurmfarmen

Refa Regenwurmfarm
Rolf Kockskämper
Ruthstr. 24
4300 Essen

Herwi-Recycling-GmbH
Röllfelder Str. 17-18
8761 Röllbach

Fa. W. Neudorff GmbH KG
Postfach 1209
3254 Emmerthal
(Bezug über Fachgeschäfte)

WKZ Wurmzuchten
Klaus R. Töllner
Rappeneckstr. 4
7808 Waldkirch 3

Wurmzuchtfarm „Tennissy Whiggler"
Oskar Angst
Pflügergrund 33
6800 Mannheim

Gartenhäcksler

AS-Motor GmbH & Co. KG
Lindenstr. 1
7163 Oberrot

Black und Decker GmbH
Black & Decker-Str. 40
6270 Idstein/Ts.

Cramertechnik GmbH
Postfach 1269
2950 Leer/Ostfriesland

Dalarö-Gartentechnik
E. Zirpel
Burgstraße 3
6200 Wiesbaden

Diadem-Landmaschinen
4515 Bad Essen-Wittlage

Gloria-Werke
Postfach 1160
4724 Wadersloh/Westf.

Möschle Apparatebau
7601 Ortenberg/Baden

Neudorff GmbH KG
Postfach 1209
3254 Emmerthal 1

Normstahl-Werk
Normstahlstr. 129
8052 Moosburg/Obb.

Pühler KG
Postfach 1456
5275 Bergneustadt

Maschinenfabrik GmbH & Co.
J. Scheppach
8873 Ichenhausen

Tielbürger KG
Oppenwehe Nr. 284
4995 Stemwede 3

Viking GmbH
Postfach 1228
6110 Dieburg

Voere GmbH & Co.
Postfach 416
A 6333 Kufstein

Glossar

Aerob: aerobe Abbauprozesse benötigen molekularen Sauerstoff.
Aktinomyceten: einzellige Strahlenpilze, Übergangsform zwischen Bakterien und niederen Pilzen.
Anerob: anerobe Mikroorganismen bewirken ohne Sauerstoff biochemische Prozesse.
Basisch: Bezeichnung der nichtsauren Bodenreaktion gemessen und dargestellt mit pH-Werten über 7,0 (basisch = alkalisch).
Bentonit: Tonmehl mit über 50% des wichtigsten Tonminerals Montmorillonit; verbessert die Struktur leichter Böden, das Wasserhaltevermögen und verhindert bei der Kompostbereitung unangenehme Gerüche.
Bindungskräfte: von Bodenart und Humusgehalt sowie Tonmineralien abhängiges Wirkungspotential, um Wasser und Nährstoffe an das Bodengerüst zu binden.
Biologisch-dynamischer Gartenbau: in Anlehnung an den biologisch-dynamischen Landbau der Anthroposophen nach Rudolf Steiner.
Biologische Wirksamkeit: Eigenschaft bestimmter Stoffe des Naturhaushaltes und von Präparaten des alternativen Anbaues auf Pflanzenwachstum und natürliche Schädlingsabwehr.
Chitin: stickstoffhaltige Verbindung als Skelettsubstanz im Hautpanzer der Gliederfüßer und in den Zellmembranen der Pilze.

Chlorkohlenwasserstoffe: gefürchtete, schwer abbaubare Rückstände im Boden vor allem aus Pflanzenbehandlungsmitteln.
C/N-Verhältnis: das Kohlenstoff-Stickstoffverhältnis beispielsweise der Kompostmaterialien ist wichtig für den Rotteprozeß; günstige C/N-Verhältnisse: 20–35 : 1.
Dauermulch: ständige auch mehrjährige Mulchschicht.
Dezentrale Kleinkompostierung: selbsttätige Kompostbereitung aus Haus- und Gartenabfällen der Gartenbesitzer.
Edaphon: Gesamtheit des Bodenlebens (griech. edaphisch = den Boden betreffend).
Erosion: (Boden-Erosion) Sammelbegriff für verlustreichen Bodenabtrag durch Wasser- und Windeinwirkungen.
Fermente: Enzyme als Sammelbezeichnung für Bio-Katalysatoren durch deren Wirkung die Stoffwechselprozesse eingeleitet und gesteuert werden.
Flachkompostierung: im Gegensatz zum Mulchen wird das zerkleinerte Bedeckungsmaterial leicht in den Oberboden eingearbeitet.
Flüssigdünger: zu unterscheiden sind wassergelöste Mineraldünger, vergärte Jauchen aus organischen Stoffen und Kompostwasser. Sie werden eingesetzt um schnelle Wachstumswirkungen zu erzielen.
Gasstoffwechsel: beim Kompostierungsprozeß die Bildung übelriechender Gase, zum Beispiel Methan bei Sauerstoffmangel, und angenehmen Erdgeruches bei genügendem Luftzutritt.
Grabelandgemeinschaft: keine geschlossene und geschützte Kleingartenkolonie, sondern lose Gruppenbewirtschaftung von Gartenland.
Grabsohle: entspricht der Pflugsohle, in normaler Spatentiefe könen Bodenverdichtungen entstehen.
Grauhuminsäure: wichtigste Huminsäure mit hohem Stickstoffanteil, verbindet sich mit Kalk zu Kalkhumaten, bedeutsam für die Humusstabilität.
Grobschollen: entstehen besonders auf schweren, nassen Böden, durch unsachgemäße Bearbeitung und nachfolgendes Austrocknen.
Haufenkompostierung: Mietenkompostierung, auch für Schnell- und Spezialkomposte geeignet.
Herbizide Wirkung: hemmender Einfluß auf Unkrautwuchs.

Howard/Balfour: alternatives Bewirtschaftungssystem nach Sir Albert Howard, dem Begründer des Indore-Kompostierungsverfahrens, und Lady Balfour, in Indien begonnen und in England weiter entwickelt.
Humifizierung: Prozeß der Humusbildung aus organischer Masse.
Humine: schwarze Bauelemente der Huminstoffe; entstehen durch Alterung der Humate.
Huminsäuren: Bauelemente der Huminstoffe, zum Beispiel Grauhuminsäure und Braunhuminsäure, deren Salze als Humate bezeichnet werden.
Huminstoffe: dunkle, feinzerteilte Stoffe mit leimartiger Beschaffenheit, großen Oberflächen und der Fähigkeit, Wasser und Nährstoffe besser als Tonminerale austauschbar einzulagern.
Hyphen: ein- oder mehrzellige Pilzfäden; sie bilden durch Vernetzung das Pilzmyzel.
Jauche: aus dem Mist von Stalltieren abgelaufener Harn; dagegen ist Gülle ein aus Harn und Kot bereiteter Flüssigdünger.
Jean Pain: spezielles Kompostierungsverfahren für Gestrüpp und Unterholz von Wäldern; geschickte Kombination von Haufenrotte und Mulchen.
Kopfdüngung: dosierte Düngergabe während der Vegetationszeit, meist mit Flüssigdüngern oder schnellwirkenden Mineralsalzen.
Krümelbildung: Vorgang Humusstoffe mit Bodenteilchen zu dauerhaften Krümeln zu verkleben; Körpersubstanzen und Rückstände aus der Tätigkeit der Kleinstlebewesen bilden mit Gerüststoffen die sichtbaren Bodenkrümel.
Krümelstruktur: angestrebter idealer Zustand für Gartenböden, gewährleistet hohe und sichere Erträge.
Krume: oberste bearbeitete Schicht von Kulturböden in ca. 15-30 cm Stärke.
Latrine: Fäkalien aus menschlichen und tierischen Ausscheidungen.
Lebendverbauung: lebendige Konstruktion des Bodens, wobei die Krümel durch Pilzgeflechte und Schleimstoffe von Mikroorganismen stabilisiert und das Bodengerüst auch durch die Durchwurzelung wesentlich geprägt wird.
Lemaire-Boucher: alternatives Bewirtschaftungsverfahren für Landwirtschaft und Gartenbau, nach den franzö-

sischen Begründern Raoul Lemaire und Jean Boucher benannt.
Makrobiotischer Gartenbau: alternatives Bewirtschaftungsverfahren nach Rudolf Kraft, geisteswissenschaftlich in Anlehnung an die Lehre des Zen-Buddhismus.
Mazdaznan-Gartenbau: mit der religiösen Begründung der Mazdaznan-Lehre nach Dr. Otto Hanisch, die nach Vergeistigung und Vollendung des Menschen strebt.
Mikroben: mikroskopisch kleine, meist einzellige Lebewesen, zum Beispiel Bakterien, Algen, Pilze und die nichtzellulären Viren.
Mineralisation: Abbau und Umwandlung toter organischer Substanz durch Mikroorganismen. Die freiwerdenden Mineralstoffe sind im Kreislauf der Elemente Grundlage für das Wachstum der Pflanzen.
Mykorrhiza: Lebensgemeinschaft (Symbiose) zwischen Pilzen und Wurzeln höherer Pflanzen.
Myzel: Pilzfäden (Hyphen) bilden durch Vernetzung das Pilzmyzel.
Nährmulch: Mulchdecke mit leicht zersetzbarer organischer Mulchmasse, die düngend wirkt.
Organisch-biologischer Gartenbau: alternative Bewirtschaftungsmethode nach Dr. Hans Müller und Dr. med. Peter Rusch auf der Basis eines gesunden, lebendigen Bodens, vor allem durch ganzjährige Bedeckung mit organischer Masse.
Oxydationsvorgänge: chemische Reaktionen durch Aufnahme von Sauerstoff.
Pektine: sehr quellfähige Pflanzenstoffe, die zusammen mit Zucker und Säuren das Gelieren bewirken.
Pflugsohle: siehe Grabsohle.
PH-Wert: gibt den Säuregehalt an, Gradmesser für die Bodenreaktion.
Plasmagare: Begriff des organisch-biologischen Land- und Gartenbaues für die Humusbildung im fortgeschrittenen Entwicklungsstadium.
Porenvolumen: Summe der Hohlräume eines Bodens.
Protozoen: mikroskopisch kleine Tiere, Einzeller, auch Urtiere genannt.
Pufferwirkung: Vermögen eines Bodens durch Austauschvorgänge seinen Reaktionszustand (pH-Wert) nur wenig zu verändern.
Rhizosphäre: Zone der Durchwurzelung eines Bodens.
Rohhumus-Melioration: Maßnahmen mit Hilfe von Kalk

und Stickstoffgaben aus Rohhumus wertvollere Entwicklungsformen zu erreichen.
Sommermulch: wiederholtes, dünnes, lückenloses Bedecken des Gartenbodens während der Sommermonate.
Sorptionsvermögen: Speicherungsvermögen des Bodens für Nährstoffe und Wasser.
Stabile Humusformen: widerstehen äußeren Einflüssen; sie entstehen durch Zugabe von Gesteinsmehlen und Kalk bei der Kompostbereitung.
Symbiose: Lebensgemeinschaft zweier verschiedenartiger Lebewesen, wobei beide zumindest zeitweise aus diesem Zusammenleben Nutzen ziehen.
Ton-Humuskomplexe: entstehen aus pflanzlichen und tierischen Zersetzungsprodukten in Verbindung mit Tonteilchen.
Tonminerale: entstehen durch Abbau und Umwandlung von Gesteinen. Wesentlich ist die schichtartige Struktur und die Fähigkeit der wichtigsten Tonmineralien, Wasser und Nährstoffionen austauschbar an- und zwischen den Schichten einzulagern. Wichtigste Tonminerale sind Montmorollonit und Illit. Als Ton werden mineralische Bodenteilchen unter 0,002 mm Korngröße verstanden.
Untersaaten: sie können bei höherwachsenden Kulturen mit weitem Reihenabstand als Gründüngungsmaßnahme erfolgen.
Veganistischer Gartenbau: alternative Gartenbewirtschaftung ohne Verwendung von Materialien tierischen Ursprungs als Dünger oder Kompostrohstoff.
Wintermulch: anstelle von Umgraben Schutz des Bodens im Winter mit einer 10–15 cm starken Mulchdecke, deren Reste im Frühjahr abgeräumt werden sollen, damit sich der Boden leichter erwärmen kann.
Zellgare: Begriff des organisch-biologischen Land- und Gartenbaues für das aktivste Rottestadium mit starker Zellvermehrung der Mikroorganismen, auch als mikrobielle Bodengare bezeichnet.
Zellulose: Gerüstsubstanz nahezu aller Pflanzenarten und Hauptbestandteil pflanzlicher Zellwände.
Zwischenfrucht: schnellräumende Kulturen vor und nach den Hauptfrüchten einer Kulturfolge im Nutzgarten.
Zwischensaat: Einsaat schnellwachsender Gründün-

gungspflanzen beispielsweise Senf, Spinat zur raschen Bodenbedeckung zwischen Erdbeerreihen, Rhabarber und Strauchbeerenobst.

Weiterführende Literatur

Bockmühl, J.: Vom Leben des Komposthaufens. Philosoph.-Antropos. Verlag Dornach, 1979.
Brucker, G.: Lebensraum Boden. Kosmos-Verlag, Stuttgart, 1988.
Gottschall, R.: Kompostierung. Verlag C.F. Müller, Karlsruhe.
Pfeiffer, E.: Die Fruchtbarkeit der Erde. Gaering-Verlag, Dornach/Schweiz, 1977.
Rusch, H.P.: Bodenfruchtbarkeit. Verlag K.F. Haug, 1968.
Siebeneicher, G.: Ratgeber für den biologischen Landbau. Südwest-Verlag, München, 1985.
Trolldenier, C.: Bodenbiologie. Kosmos-Verlag, Stuttgart, 1971.

Register